JN432943

쉽게 이해하는 PR 핵심 솔루션

쉽게 이해하는

# PR 핵심 솔루션

이현선 저

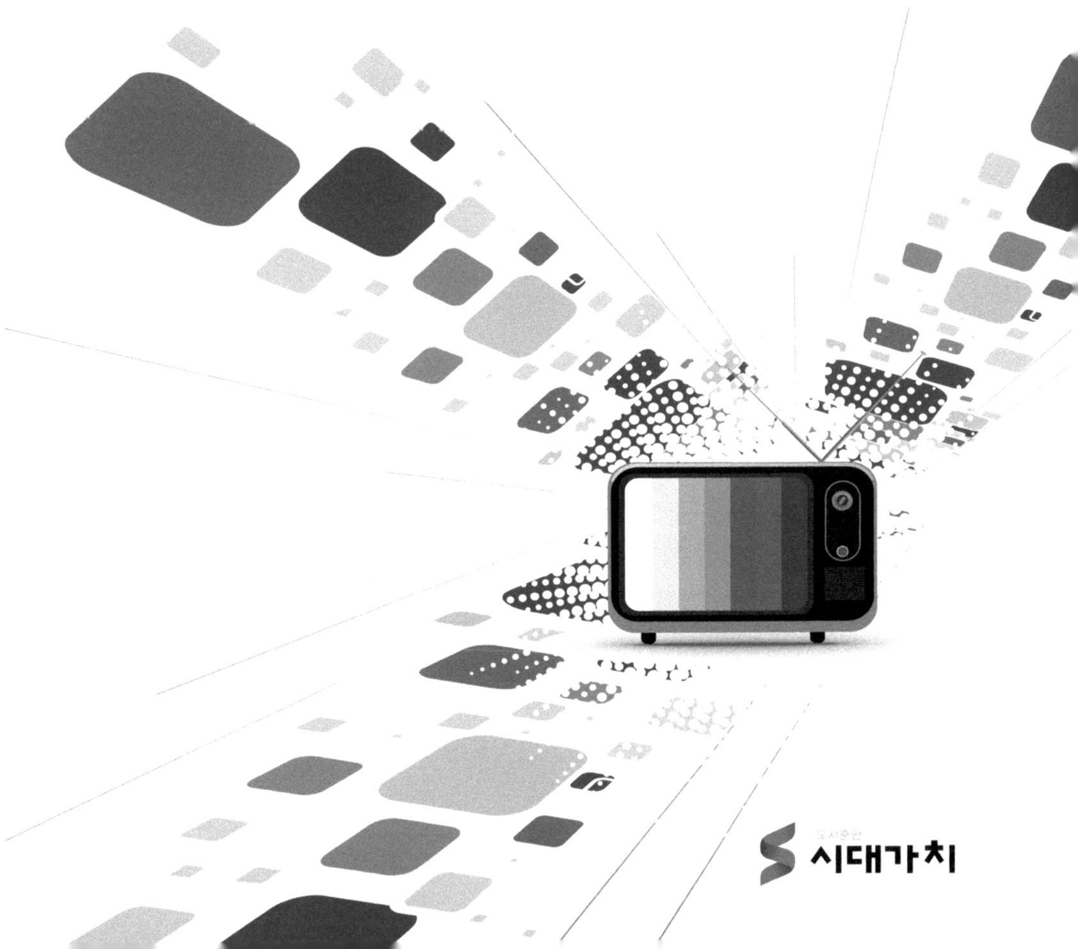

도서출판 시대가치

## 차례

## 4장 선한 기업이고 싶다: 기업의 사회적 책임 사업 솔루션



## 5장 힙한 소통을 하고 싶다: 디지털 PR솔루션



## 6장 직원의 자부심을 높이고 싶다: 사원관계 솔루션

# 들어가면서

PR이라는 단어를 모르는 사람은 없을 것이다. '기업 PR', '정부 PR', '자기 PR' 등의 용어를 우리는 일상생활 속에서 흔하게 접하게 된다. 하지만 막상 PR이라는 것이 무엇이라 생각하고 있는가를 물어본다면, 단번에 'PR이 무엇이다'라고 설명하는 사람이 많지 않을 것이다. 게다가 광고나 선전과 같은 의미로 생각하는 사람들도 의외로 많다. 요즘은 마케팅 커뮤니케이션 유형의 경계가 없이 다양하게 활용되고 있지만, PR의 기본적인 개념과 목적, 그리고 그 활동을 살펴보면 PR 나름의 의미와 특성이 존재하고 있다.

기업이나 정부기관 등의 조직이 PR에 대해 의존하는 정도는 점차 높아지고 있다. 다양한 이해관계자들과 원만한 관계를 어떻게 수립하는가는 조직의 생존에 결정적인 영향을 미치고 있다. 게다가 조직끼리의 경쟁이 치열해지고, 각자의 목소리를 다양한 채널을 통해서 크게 내고 있는 상황에서 우리 조직의 PR솔루션을 어떻게 가져가느냐를 결정하는 것은 매우 중요하다. PR솔루션은 PR이라는 방법을 통해 조직이 가지고 있는 문제점을 효과적으로 해결하는 방법을 도출하고 실행에 옮기는 것이다. 이 솔루션이 어떻게 나오는지에 따라 조직에 대한 사람들의 이해나 신뢰의 정도가 달라진다. 따라서 조직의 상황, 조직의 예산, 조직이 염두에 두고 있는 타겟, 조직에게 주어진 시간 등을 고려한 PR솔루션에 관심을 가지게 된다.

PR은 조직이 대내외적으로 가지는 핵심적인 메시지가 담긴 목소리이다. 이 목소리가 어떤 내용으로 또한 어떤 경로로 전달되느냐는 그 조직에 대한 사람들의 평가에 중요한 기준이 된다. PR솔루션은 조직의 목소리를 누구를 향하여, 어떤 내용으로, 얼마나 많이, 어떤 경로로 전달하느냐를 결정하고 실제 집행하는 전문적인 커뮤니케이션상의 기획이고 실행이다.

다른 전문분야도 그러하겠지만, PR분야도 지속적으로 연구하고 고민해야 하는 분야이다. PR환경이 빠르게 변화하고 있기 때문이다. 새로운 디지털 미디어가 등장하고, 소비자들의 욕구가 변화하며, 시장의 경쟁자도 발빠르게 그 변화에 대응하고 있다. 이에 맞춰 조직의 PR솔루션도 지속적으로 변화되어야 한다. 어제와 같은 패턴의 PR솔루션은 누구의 시선도 받지 못하고 동의나 신뢰를 얻지 못한다. 조직의 중요한 타겟에게 신뢰감을 주고 이들과 돈독한 관계를 맺고 유지하기 위해서는 조직의 여러 환경에 대해 끊임없이 관심을 가지고 분석하며, 최적의 아이디어를 고민해야 한다.

이 책은 PR 분야에 처음 입문하는 학생이나 직장인을 위해 알기 쉽게 상황별로 효과적인 PR의 솔루션에 대해 설명한다. PR에 대한 기초적인 이해를 돕는 PR의 기본 개념부터 시작해서 PR의 주요 솔루션인 언론관계, 위기관리, 기업의 사회적 책임 사업, 디지털 PR, 그리고 사원관계를 살펴본다.

PR솔루션의 출발은 PR이 과연 무엇인지, 무엇에 중점을 두고 기획하고 집행해야 하는가를 정확히 파악하는 것이 중요하다. 본 책의 첫 번째 솔루션으로 제시되는 부분은 PR에 대해 기본적으로 이해하는 것으로 구성되었다.

두 번째 솔루션으로 제시하는 언론관계는 우리의 일상생활에서 뉴스를 접하는 빈도가 높음을 염두에 두고 핵심 솔루션으로 제시한다. 우리가 세상의 소식을 접하는 보편적인 방법이 언론의 뉴스를 통해서이다. 이러한 언론의 뉴스 속에 우리 조직에 관한 정보를 제공하는 것은 비용대비 효율성이 매우 높은 장점이 있다. 이 책에서는 이 언론관계의 대표적인 방법을 세 가지로 축약해서 제시한다.

세 번째의 솔루션은 위기관리이다. 우리는 항상 조직이 편안하고 승승장구하기를 바라지만, 우리의 잘못이나 다른 외부의 영향으로 인해 위기 상황을 맞이할 수 있다. 이러한 위기에 대비해 우리는 무엇을 준비하고 어떻게 대응해야 하는가를 설명한다.

네 번째 솔루션은 기업의 사회적 책임 사업에 관한 내용이다. 조직이 선행을 하는 것이 얼마나 효과적인가를 설명하고, 어떠한 방법을 고민할 수 있는가를 제시한다.

다섯 번째 솔루션은 디지털 PR이다. 다양한 디지털 소통 기술이 개발되고 있고, 이러한 기술은 우리 생활에 빠르게 적용되고 있다. 이러한 기술은 PR의 입장에서는 새로운 소통의 채널이 된다. 이러한 방법들 중 대표적인 유형을 제시하고 이들의 특성과 핵심 포인트를 제시한다.

마지막 솔루션으로는 원만한 사원관계의 형성 및 유지를 설명한다. 조직의 외부 이해관계자뿐만 아니라 내부의 이해관계자인 조직의 구성원에게 정직하고 성실한 소통을 하는 것도 매우 중요하다. 사원관계가 왜 필요한지, 그리고 어떤 방법을 고려할 수 있는가를 정리해 제시한다.

이 책에서 제시하는 PR솔루션들은 3가지 사항을 염두에 두고 논의된다. 첫째, PR솔루션은 돈독한 관계를 유지하고 강화하기 위함이다. 우리가 PR솔루션을 이야기하는 이유는 단순히 단기간의 매출을 높이는데 그치지 않고, 조직이 고려하는 중요한 이해관계자들과 돈독한 관계를 맺는 활동이다. 이러한 돈독한 관계는 하루아침에 만들어지는 것은 아니다. 여러 이해관계자들이 우리 조직에 대해 이해하고 우리의 활동과 의사결정에 대해 동의할 수 있을 때 이러한 긍정적인 관계가 만들어지는 것이다. 따라서 PR 커뮤니케이션은 진실성과 개방성이 매우 중요한 활동이라 할 수 있다.

둘째, PR솔루션은 설득이 핵심이다. 설득을 한다는 것은 설득 대상에게 확실한 이익을 제시할 수 있어야 한다. 따라서 PR솔루션은 조직의 이익뿐만 아니라 이해관계자들의 이익도 함께 고려해야 한다. 단순히 조직의 이익만을 위해 PR 솔루션을 생각하는 것은 결국에는 조직의 손해로 이어질 수 있다. 길지 않은 기간이지만 PR을 경험하고 느낀 것은 조직이 자신의 이익만을 위해 PR을 집행하다 보면 그 효과에 제한이 있을 뿐만 아니라, 핵심 이해관계자들을 설득할 수 없다는 것이다. 셋째, PR솔루션은 과학이다. PR솔루션은 광고와 같은 크리에이티브가 핵심이다. 이러한 크리에이티브는 과학적이고 객관적인 분석을 통해서 도출된다. 즉, 이해관계자들이 어떤 생각을 가지고 있고, 무엇을 원하며, 무엇에 가장 크게 반응할 것인가를 살핀다. 이렇게 정확한 분석의 토대 위에서 조직에게 가장 적합한 크리에이티브한 솔루션을 제시하게 된다.

이러한 3가지 핵심적인 사항을 염두에 두고 PR솔루션에 접근해야 할 것이다. 이 책을 통해 PR에 대해 쉽게 이해하고, 실제 PR 활동에 필요한 기본적인 지식들을 습득할 수 있기를 기대한다.

# 1장

# 이해하고 이해받고 싶다:
# PR솔루션

# 1. PR의 개념과 필요성

PR의 개념을 구체적으로 설명하기에 앞서, PR은 설득 커뮤니케이션 유형중의 하나라는 것은 분명히 하고 넘어가기로 한다. 설득이라는 것은 특정 대상에 대해 우리가 사전에 의도했던 방향으로 설득대상자들이 생각하고 행동하게 만드는 활동이다. 이러한 설득은 상대의 마음을 움직이는 효과적인 커뮤니케이션을 통해 이루어진다.

광고와 선전(propaganda)이 설득 커뮤니케이션의 한 형태이기는 하지만, 이들의 성격은 많이 차이가 나타난다. 광고가 보편적으로는 매체비를 지불하고 자사의 제품이나 서비스에 대한 정보를 제공하는 커뮤니케이션이라면, 선전은 정치적이고 사상주입적으로 설득대상을 설득하기 위해 반복과 과장 등의 방법을 많이 활용하고 있는 것이 특징이다.

PR활동은 이들의 활동과는 그 결을 달리하지만, 이들과 함께 묶일 수 있는 공통점은 이들 모두 설득 커뮤니케이션의 형태를 가지고 있다는 것이다. 설득을 하는 상황은 설득의 대상이 무슨 생각을 하고 있고, 나와 설득의 대상 사이에 생각의 차이가 어떻게 나타나는지, 나에게 그들은 무엇을 원하고 있는지, 나에게 주어진 시간 등의 자원이 얼마나 풍족한지 등을 고려하여 분석해서 가장 최적의 메시지를, 최적의 시기에, 최적의 채널을 통해 전달되어야 한다.

이러한 설득 커뮤니케이션의 한 형태로 PR을 이해해야 한다. PR은 Public Relations의 약자이다. 이 단어들의 조합이 단순하기는 하지만, 매우 장기적이면서도 체계성을 갖춰야 하는 커뮤니케이션임을 단어의 조합이 보여주고 있다. 먼저 Public과 Relations를 각각 떼어서 보고 그 의미를 다시 조합해 보면 PR에 대해 좀 더 쉽게 이해할 수 있을 것이다.

Public은 우리나라 말로 표현하면 '공중'이라 할 수 있다. 이 공중을 다른 단어로 표현하면 타겟(target)이라고 할 수 있다. 공중은 일반적인 대중(mass)과는 차이가 있는 의미이다. 대중은 익명성을 가지고 지역적으로 흩어져있는 불특정한 다수를 의미한다.

이에 비해, 설득의 대상 또는 PR커뮤니케이션의 대상인 공중은 대중보다는 상대적으로 좀 더 선명하게 드러나는 부분이 있다. 즉, PR은 누구를 향해야 하는지를 분명하게 명시하고 이에 맞춰 커뮤니케이션이 이루어지는 전략적 활동이라는 의미를 내포하고 있다. 누구를 공략해야 하는지, 이들이 어떤 생각을 가지고 있고, 우리에게 기대하는 바가 무엇인가를 파악하는 것이 대중보다는 좀 더 분명하게 드러난다는 것이다. 그래서 우리는 공중을 타겟이라는 말로 대체해서 사용할 수 있을 것이다.

좀 더 쉽게 예를 들자면, 우리가 총을 쏘거나 활을 쏠 때의 상황을 생각해보면 된다. 총을 쏘거나 활을 쏠 때에 어디를 겨냥해야 하는가가 분명해야 한다. 총알이나 화살이 가야 하는 방향과 대상이 매우 분명한 것이다. 이 타겟을 정하고 총을 쏘거나 활을 쏘는 것처럼, 우리의 제품이나 서비스, 정책 등을 제시하고 설득해서 우리가 원하는 방향으로 판단하고 생각하며 행동하게 만들어야 하는 설득의 궁극적인 대상이 바로 공중인 것이다.

공중은 특정 기업 또는 기관이 유지되고 성장하는데 있어서 중요한 영향력을 가지고 있다. 현재 시점을 중심으로 조직에 대해 공중이 어떤 평가를 하고 어떻게 움직이느냐에 따라 조직의 공중은 언제나 변화한다. 이 세상의 모든 사람들에게 조직에 관한 정보를 제공하고 이들에게 좋은 평가를 얻는다면 더할 나위 없이 좋을 것이다.

그러나 대부분의 조직은 현실적으로 이 세상 모든 이들과 소통하기에는 재정적으로, 인력적으로, 그리고 시간적으로 한계가 있을 수밖에 없다. 따라서 현재 시점을 중심으로 조직의 생존과 발전에 영향을 미치는 중요한 핵심 타겟을 정하고, 이들에게 조직의 시간과 예산을 들여 소통을 하고 설득을 하는 것이다. 따라서 PR활동의 출발은 누가 현재 우리 조직에게 영향을 미치는 중요한 공중이 될 수 있는가를 객관적으로 도출하는 것이라 할 수 있다.

Relations는 우리나라 말로 표현하면 '관계'이다. 앞에서 설명한 조직의 공중들과 원만한 관계를 형성하고 유지하며 강화시키는 활동이 PR이라 할 수 있다. 조직의 생존과 성장에 영향을 미치는 사람들을 공중으로 설정하고, 이들과 호의적인 관계를 장기간 유지하는 것은 매우 중요한 일이다. 일상생활에서 개인이 누군가와 호의적인 관계를 맺고 이를 유지한다는 것은 쉽지 않은 일이다. 그 사람과 꾸준히 소통해야 하고, 그 소통 속에서 그 사람을 이해해야 하고, 이해시켜야 하며, 서로가 신뢰할 수 있을 때 우리는 그 관계를 호의적인 관계라고 설명한다.

나를 잘 알고 있고, 내가 하는 말이나 행동을 이해하고, 항상 지지하며, 믿을 수 있는 관계의 사람을 만드는 것은 많은 노력과 시간이 필요한 경우가 많다. 개인이 누군가와 호의적인 관계를 맺는 것보다 영리를 추구하는 기업이나 특정한 목적을 가지고 만들어진 기관이 공중과 호의적인 관계를 맺는 것은 더 어렵고 복잡한 일이다. 개인 대 개인의 관계가 아니라 조직과 다수의 이해관계가 얽혀있는 사람들 사이의 관계이기 때문이다.

또한 영리 또는 특정한 목적을 가지고 만들어진 조직과 원만한 관계를 맺기 위해서는 그 조직에 대한 인지와 이해가 필수적이고, 여러 단계를 거치면서 이러한 성과들이 점차 나타나기 때문이다. 아주 효과적인 아이디어를 집약적으로 펼쳐 단기간에 효과가 나기도 하지만, 꾸준한 소통과 이해를 통해 신뢰가 기반이 되는 탄탄한 관계가 만들어질 수 있다.

조직이 염두에 두는 관계의 대상은 다양하다. 내부적으로는 조직의 직원들이나 관계사 등이 될 수 있고, 외부적으로는 언론, 정부, 소비자, 투자자, 지역사회 주민 등이 될 수 있다. PR은 공중들이 우리 조직에 대해 이해하고 신뢰할 수 있는 관계를 끊임없이 만들어가는 과정을 의미한다.

이러한 관계를 만들고 강화하기 위해서는 적극적인 소통이 필요하다. 일방향적인 소통이 아니라 서로가 주고받는 쌍방적 소통이 필수적이다. 쌍방적 소통을 한다는 것은 서로가 말하고 듣기를 지속하는 것이고, 이는 서로를 이해하고 신뢰하기 위한 필수조건이라고 할 수 있다.

PR이라는 활동에 대해서 그루닉과 헌트는 'PR이란 조직과 공중 사이의 커뮤니케이션을 관리하는 것이다'라고 설명하고 있다.[1)] 이 학자들의 정의에 나오는 단어들 중에서 '관리'에 관심을 가져보자. 관리(management)는 통제, 조정, 지휘, 경영, 처리, 감독, 기술적 처치 등을 의미한다.

그루닉과 헌트는 PR을 커뮤니케이션 관리라고 기술하고 있는데, 이는 PR이 조직과 공중의 호의적인 관계를 위해서 소통을 해야 하는데, 이 소통을 어떻게 해야 하는가에 대한 체계적이고, 의도적이며, 기획된 통제 활동이라는 것이다. 즉, PR은 조직과 공중 사이에 커뮤니케이션을 조절하는 것으로, 어떤 매체에, 어느 시기에, 누구에게 얼마나, 얼마나 자주, 어떤 이야기를 해야 하는가를 사전에 치밀하게 기획하는 활동이라고 할 수 있다.

PR은 이해하고 이해받고 싶을 때 고려할 수 있는 솔루션이다. 조직의 존재 자체, 존재 이유, 성장 과정, 일정기간 동안의 성과, 앞으로의 변화 등 모든 의사결정과 활동에 대해 다양한 이해관계자들의 이해를 받을 수 있을 때 그 조직은 신뢰를 받으며 커나갈 수 있다. 이러한 이해를 받으려면 우선적으로 이해관계자들을 이해하는 노력을 기울여야 한다.

---

1) Grunig, J. & Hunt, T.(1984). Managing public relations. NU: Holt, Rinehart & Winston, p.8.

이해관계자들이 우리 조직을 어떻게 바라보고 있는지, 우리 조직에게 무엇을 원하고 있는지, 우리 조직에게 어떠한 점이 불만족스러운지를 끊임없이 질문하며 우리 조직이 이해관계자들의 생각 속에 어느 위치에 머물러 있는가를 파악해야 한다. 이해를 하고 이해를 받는 지속적인 관계의 형성을 목표로 한다면 PR은 매우 중요한 역할을 수행할 수 있다.

## 2. PR의 핵심 업무

PR은 크게 3가지 차원에서의 핵심 업무가 이루어진다. 첫째는 조직과 관련된 중요하고 명확한 정보를 제공하는 것이다. 조직에 대해 관심을 가지고 있거나, 크고 작은 이해관계에 얽혀있는 사람들에게 조직 자체에 대한 정보, 조직의 활동에 대한 정보, 기업의 경우에는 제품 및 서비스에 관한 정보, 기관의 경우에는 정책에 관한 정보 등 다양한 정보를 명확하게 제공하는 업무가 주어진다.

둘째, PR 활동은 조직의 평판을 관리하는 것이다. 조직의 대내외 평판을 좋게 하고 조직에 대한 호감을 갖게 해서 '그 조직은 신뢰할 수 있다'는 신념을 갖게 하는 것이 중요하다. 이는 조직을 외부의 공격으로부터 방어하고 반대 의견이 있을 때 설득력 있게 설명해서 조직 경영의 부담과 위험을 줄이는 차원에서도 중요하다.[2] 조직의 평판은 조직에 대한 공신력과 이미지에 영향을 미치는 중요한 사항이다. 따라서 이러한 평판이 어떻게 형성되었는가를 살펴 적절한 대응 전략을 항상 고려해야 한다.

---

2) 이영권(1999). 이것이 기업 PR이다. 서울: 명경사.

셋째, 마케팅 커뮤니케이션의 한 축으로 PR을 활용하는 것이다. PR의 전략이나 전술이 지속적으로 변화되는 것처럼, 마케팅의 전략이나 전술도 변화되고 있다.

근본적으로 마케팅을 바라보는 시각 자체에도 많은 변화가 있어왔다. 전통적인 마케팅의 시각에서는 이른바 4P's(제품, 가격, 유통, 촉진)를 바라볼 때 각각의 고유한 영역이 존재하는 것으로 고려되었다. 그러나 현재의 마케팅은 마케팅을 구성하는 모든 요소들이 결국에는 소비자와 커뮤니케이션하는 브랜드 접촉점으로 바라보고 있다. 예를 들어, 제품 영역을 구성하고 있는 브랜드 네임, 용량, 또는 포장도 모두 소비자와 커뮤니케이션을 하는 것이라 보고 있는 것이다.

실제 시장에서 소비자가 진열대에 놓여있는 제품의 포장을 보고, 브랜드 네임을 파악하고, 제품의 용량이 어떻게 되는가를 보는 것 자체가 브랜드와 소비자가 커뮤니케이션을 하고 있는 것으로 보는 것이다. 따라서 마케팅 활동 중의 하나인 PR 활동 또한 매출을 증대시키기 위한 다양한 마케팅 커뮤니케이션 활동 중의 하나로 고려하고 있다.

이러한 PR의 업무들은 지속적으로 조직에 대해 분석하고, 이를 위한 PR 관련 핵심 솔루션을 제시하는 것으로 이루어진다. 분석은 날카로워야 하고, 솔루션은 효과가 나타나야 한다. 따라서 PR담당자는 지속적으로 트렌드를 분석하는 '트렌드캐처'가 되어야 하고, 아이디어를 발굴하는 '크리에이터'가 되어야 하며, 이를 클라이언트나 기업의 CEO에게 효과적으로 설명하고 전달하는 '커뮤니케이터'로서의 역할을 수행할 수 있어야 한다.

가끔 수업시간에 학생들에게 듣는 질문 중의 하나가 PR인의 업무가 그렇게 많은 것이 사실이냐는 것이다. 물론 모든 업무를 동시에 진행할 수는 없지만, 클라이언트의 상황과 업무 지시에 따라 그 활동과 범위는 매우 다양할 수 있다. 어떤 경우에는 보도자료를 작성하고 이를 언론사에 배포하는 일, 기획서를 작성하고 프리젠테이션을 진행하는 일, 위기관리를 위한 프로그래밍과 훈련을 진행하는 일, 행사를 기획하고 행사 집행 및 진행을 담당하는 일, 소셜미디어 등 뉴미디어에 대해 분석하고 관련 내용을 해당 미디어에 탑재하는 일, 기자와의 간담회 등을 주체하고 관리하는 일은 대부분 PR 담당자들의 몫이 되기도 한다.

PR활동은 조직에 있어서는 없어서는 안될 매우 중요한 의사결정으로 인식되고 있다. 조직의 중요한 활동에는 항상 PR이 자리를 잡고 있다. PR에 대한 인식이 높아지는 만큼 PR전문가들의 중요도도 함께 높아지고 있다. 조직에게 필요한 다양한 분석을 진행하고, 이해관계자들과 소통을 하며, 새로운 미디어를 발굴하고, 크리에이티브한 아이디어를 기획하고 집행함으로써 조직의 성장과 발전에 기여하고 있기 때문이다.

## 3. PR활동의 과정

PR활동이 이루어지는 과정에 대해 살펴보면, 보편적으로 PR활동은 조사(research) – 기획(planning) – 실행 및 커뮤니케이션(action and communication) – 평가(evaluation)로 이루어진다.3)

PR활동의 첫 번째 단계인 조사(research)는 기업 또는 기관이 PR 차원에서 어떠한 문제를 가지고 있는가, 또는 이들 조직이 어떠한 상황에 놓여있는가를 면밀히 분석하는 단계이다. 한마디로 조사는 PR의 출발이라 할 수 있다. PR이 체계적이고 과학적인 활동인 이유는 이러한 조사 데이터를 바탕으로 기획과 실행이 이루어지기 때문이다. 따라서 조사의 데이터에 오류가 생긴다면 이후에 이루어지는 PR기획과 실행에 심각한 오류가 발생하게 된다. 현재 조사를 통해서 우리가 무엇을 살펴봐야 하는지를 정확히 설정해야 하고, 주어진 시간과 예산, 그리고 과업의 범위에 맞춰 적절한 조사 기법을 선택하며, 이를 어떻게 분석하고 해석해야 하는가를 정확하게 고려해야 한다.

---

3) 조계현(2005). PR실전론. 서울: 커뮤니케이션북스

예를 들어, 어떤 기업이 브랜드를 출시한지 6개월이 지나도 여전히 브랜드에 대한 인지도가 충분히 형성되지 않은 상황이라고 가정해보자. 인지도에 치명적인 문제가 있음에도 불구하고 PR활동을 위한 조사와 분석이 인지도가 아닌 구매의도를 살펴봤다면 그 브랜드가 가진 현재의 문제점과 그 원인을 정확히 파악하지 못하는 것일 수 있다. 또 양적조사뿐만 아니라 FGI와 같은 질적조사를 통해 면밀히 분석을 해야 함에도 불구하고 양적조사만을 실시해서 정확한 데이터를 도출하지 못했다면 문제의 원인을 찾아내거나 그 솔루션을 찾는 데에도 한계가 있을 수 있다.

조사는 현재 조직이 처해있는 상황과 문제점을 도출하는 것이기 때문에 조사의 범위는 매우 다양하다. 예를 들어, 기업은 다른 기업과의 치열한 경쟁상황에 놓여서 이 부분에 대한 해결이 반드시 이루어져야 하는 상황이 있을 수 있고, 소비자들 사이에서 브랜드와 관련된 루머로 인해 문제가 있을 수 있으며, 기술이나 경제, 환경 등의 변화에 제대로 대처하지 못해서 문제가 발생할 수 있다. 따라서 조사는 현재 조직이 어떤 상황에 놓여있는가를 살펴보기 위해 조직을 둘러싼 정치, 경제, 문화, 사회, 기술 등의 요인을 비롯해서, 다양한 타겟들의 인식, 경쟁자의 상황, 매체환경 변화 등의 다양한 요인들을 대상으로 조사를 실시해야 한다. 이러한 조사가 분명한 결과를 제시할 수 있다면, 향후 PR솔루션을 위한 아이디어 수립과 실행도 수월하게 이루어질 수 있다.

PR활동의 두 번째 단계인 기획(planning)은 앞에서 이루어지는 조사를 바탕으로 PR활동을 어떻게 전개할 것인가에 대한 얼개를 만드는 과정을 말한다. 조직의 문제가 무엇인지를 조사를 통해서 도출했고, 그렇다면 PR을 통해서 무엇을 얻을 것인지, 누구를 공략할 것인지, 무슨 말을 그들에게 할 것인지, 어떤 방법을 활용해야 효과적인지, 누구를 통해서 그 말을 전달할 것인지, 효과 측정은 어떻게 할 것인가 등을 미리 구상하는 것을 말한다.

한마디로 PR기획은 예산과 시간의 범위 내에서 조사를 토대로 나타난 사실에 근거해서 최적의 아이디어, 즉 솔루션을 도출하는 것을 말한다. 이러한 기획은 다음의 실행과 커뮤니케이션의 구체적인 토대가 된다. 따라서 이 기획이 얼마나 구체적으로 수립되었는가는 이후의 실행과 커뮤니케이션 결과에 중요한 역할을 하게 된다.

PR활동의 세 번째 단계인 실행 및 커뮤니케이션은 구상된 기획을 현실화시키는 것으로, 실제로 PR활동을 집행하는 것을 말한다. PR은 커뮤니케이션 활동이 핵심이기 때문에 실행에 옮기기 이전이나 도중, 또는 이후에 다양한 커뮤니케이션을 적극적으로 집행하게 된다.

PR활동의 네 번째 단계인 평가(evaluation)는 당초에 목표했던 바가 실제의 결과로 나타났는가, 즉 목표 달성이 이루어졌는가를 살피는 부분이다. 이러한 평가를 통해서 전체적인 PR활동에서의 한계점은 없었는지, 무엇을 보완해야 하는지, 그리고 이러한 우리의 활동에서 도출해야 하는 나름의 교훈이 무엇인지를 살펴봐야 한다. 이는 다음의 PR활동을 좀 더 원활하게 하기 위함이다. 평가를 한다는 것은 기획단계의 목표가 구체적으로 수립되었다는 것을 의미하고, 반대로 목표를 세웠다면 이후에 평가를 한다는 것으로 이해해야 한다. 즉, 기획단계의 목표와 실행 이후의 평가 단계는 서로 연결되어 있다. 예를 들어, 어떤 브랜드에 대한 기획단계의 목표가 '2023년 9월부터 12월까지 20-30대 여성 소비자를 대상으로 현재 브랜드의 인지도(재인) 20%에서 70%까지 증가시킨다'라고 설정되었다고 가정해보자. 실행은 2023년 9월부터 12월까지 이루어지고, 평가는 12월 이후 과연 이 브랜드에 대한 인지도(재인)가 70% 달성이 되었는가를 살펴보면 된다. 그 평가의 대상은 20-30대 여성 소비자가 될 것이다. 이러한 평가를 진행함으로써 PR솔루션이 적절했는지, 실행과정에 문제점은 없었는지 등을 전체적으로 살펴볼 수 있다.

PR분야는 이러한 다양한 활동을 하면서 지켜야 할 직업윤리가 있다. 우리 사회의 구성원이 PR의 메시지나 활동에 대해 신뢰할 수 있어야 하고, PR은 사회의 규범이나 가치관, 그리고 공공의 이익에 있어서 기여함이 있어야 한다.

한국PR협회(KPRA)는 10개 항목의 윤리강령을 제정하여 시행하고 있다. 이러한 윤리강령을 살펴보면, PR이라는 활동은 진실된 커뮤니케이션 활동이라는 것을 알 수 있고, 이러한 PR 분야에서 활동하는 전문가는 PR업에 대한 자부심과 함께 그에 부합되는 철저한 직업윤리 의식을 가져야 함을 알 수 있다.

아래의 자료는 PR협회의 PR인 윤리강령이다. 협회의 자료를 살펴보면, 조직이 설정한 목표를 달성하고 조직의 경쟁력을 강화하기 위해 다양한 프로그램을 개발하고 활용해서 이해관계자들의 관심을 유도하고 이미지를 개선하는 역할을 수행하는 역할로써 PR전문가를 보고 있다. 이러한 전문성과 함께 직업윤리도 함께 고려해야 함을 강조하고 있다.

## 한국PR협회 PR인 윤리강령

(한국PR협회 홈페이지에서 발췌)[4]

한국PR협회는 1999년 12월, PR이 민주사회의 지속가능한 발전을 견인하는 중요한 산업으로서 위상을 강화하고 PR인이 사회로부터 존경받는 전문인의 역할을 다하고자 PR윤리강령을 제정한 바 있으며, 사회환경 변화에 따라 PR윤리강령을 개정하여 한국 PR인들이 고도의 윤리의식을 가지고 PR업무를 수행할 것임을 선포한다.

1. [공익] PR인의 업무수행 중 최고의 가치는 공익에 두어야 하고 기본적 인권과 개인의 존엄을 존중해야 하며 정확성과 진실성, 투명성에 입각하여 업무를 수행해야 한다.

2. [전문성] PR인은 전문적 지식과 경험을 책임감 있게 사용하고 커리어 개발과 교육 등을 통해 전문성을 향상시키며 이를 기반으로 다양한 조직과 공중 간 상호이해와 신뢰관계를 형성한다.

3. [신용과 정보 보호] PR인은 외부적으로 명시된 업무내용과 다른 실제적으로 밝히지 못할 이익을 추구하는 어떤 개인이나 조직을 위해 PR업무를 수행해서는 안되며 고객이나 고용주의 비밀과 개인의 프라이버시와 관련된 사항은 철저히 보호해 주어야 한다.

4. [투명성] PR인은 공중에 대한 정보의 투명성을 준수해야 하며, 공공 미디어와 디지털 미디어의 공공적 환경

을 저해하는 어떠한 행동도 해서는 안 된다. 특히 PR하는 제품이나 서비스의 협찬 여부 등을 명확하게 밝혀야 하며 부당한 금전적인 제공이나 혜택을 금하며, 능력 밖의 어떤 결과도 보장해서는 안 된다.

5. [정직] PR인은 잘못된 허위정보라는 것을 알면서 그것을 언론을 포함한 다양한 미디어를 통해 배포하거나 업무에 절대 활용하지 않는다. 만약 잘못된 커뮤니케이션이 이루어졌다면 이를 즉각 시정할 책임을 갖는다.

6. [공정 경쟁] PR인은 건강하고 공정한 경쟁을 해야 하며 다른 PR인의 고객 또는 비즈니스, 제품과 서비스를 훼손하는 어떤 행동도 해서는 안 된다. 또한 특별한 사정이 있지 않는 한, PR활동에 관련된 고객이나 고용주의 이름을 언제나 공개적으로 밝힐 준비가 되어 있어야 한다.

7. [이해충돌 방지] PR인은 경쟁사나 이해관계가 상충되는 조직의 일을 할 경우 모든 사실을 기존 고객에게 설명한 후 관련 당사자들의 확실한 동의를 얻은 연후에만 새로운 일을 맡을 수 있다. 또한 PR인 개인의 이해관계가 고용주나 고객의 이해관계와 상충될 경우 모든 당사자들에게 관련 사실을 모두 설명한 후 동의를 얻지 못하는 경우 새로운 업무에 개입해서는 안 된다.

8. [권리보호] PR인은 신규 업무를 담당하거나 새로운 고객을 위하여 업무를 수행할 시 사업 성격이 사회 정의에 어긋난다고 판단할 때 해당 업무나 고객을 맡지 않

겠다는 입장을 표시할 수 있으며, 이것과 관련하여 어떠한 불이익도 받아서는 안 된다.

9. [책임] PR인은 현재 일하고 있는 직장에서 다른 직장으로 옮길 때는 법령이나 근로계약서 상의 사전 통보 기한을 준수해야 하며 철저한 업무 인계인수를 통해 현재 소속된 조직의 업무수행에 한치의 차질도 없게 해야 한다. 또한 옮기는 과정에서 PR인이 담당한 고객을 새로운 직장의 고객으로 만드는 어떤 노력도 해서는 안 된다.

10. [사적 이익 금지] PR인은 업무상 획득한 정보를 개인적 이익을 위해 사용하거나 유출하지 않으며, PR인의 윤리의식 강화와 PR산업의 지속가능한 발전을 위해 노력하고 상호 협조해야 한다.

4) https://www.koreapr.org/library_ethics

# 2장

# 많은 사람들에게 나를 알리고 싶다: 언론관계 솔루션

## 1. 언론관계의 중요성

언론관계는 PR의 핵심적인 대상인 공중을 언론으로 설정하고 활동하는 것을 말한다. 우리는 일상생활에서 새로운 소식을 언론의 뉴스를 통해 많이 접하게 된다. 집이나 사무실에서 컴퓨터로 뉴스를 접하기도 하고, 모바일기기로 이동중에도 세상의 소식을 접하게 된다. 특정 이슈에 대한 대중의 정보습득과 평가는 언론의 영향을 많이 받는다. 그 이슈의 전체적인 흐름을 파악하고, 이 이슈의 결론이 바람직한지 그렇지 않은지를 판단하는 데 뉴스의 내용이 하나의 기준이 되기 때문이다. 따라서 적극적인 언론관계 활동은 PR활동에서 중요한 축을 이루고 있다.

언론관계는 우리 기업이나 기관과 관련된 정보를 언론을 통해 전달할 수 있도록 하는 활동이라 할 수 있다. 우리가 일상생활에서 뉴스를 편하게 접하는 것을 감안해보자. 이를 감안한다면 언론을 통해 단시간 내에 조직과 관련된 소식을 많은 사람들에게 전달할 수 있는 방법은 매우 효과적일 수 있다.

언론관계의 궁극적인 목적은 조직이 언론에게 새로운 소

식을 전하는 뉴스 정보원이 됨으로써 언론보도를 통해 조직의 PR을 효과적으로 관리하는 것에 있다. 언론관계는 대중매체, 또는 특정 수용자를 대상으로 하는 전문매체 종사자들을 일차적인 표적 공중으로 하지만, 그 궁극적인 목표대상은 미디어 수용자인 공중이라 하겠다.[5] 이 공중들이 일상생활에서 새로운 뉴스를 접하는 경로가 언론이고, 이 언론의 뉴스를 통해 우리 조직의 소식을 전달하는 것이다. 따라서 우리 조직이 고려하고 설정한 공중이 누구인가를 분명하게 정하고 언론관계 전략을 고려해야 한다. 예를 들어, 20-30대 젊은층을 공중으로 설정했다면, 20-30대 젊은층이 일상생활에서 많이 접하는 매체를 구체적으로 살펴보고 이 매체들을 언론관계의 대상으로 설정해야 한다는 것이다.

언론관계 전략에서 우선적으로 고려해야 하는 것은 조직이 처한 상황을 정확히 분석하고 진단하는 일이다. 상황 진단은 통계와 정보, 서베이와 내용 분석 등을 통해 언론관계 전략의 전략적인 밑그림을 그리는 단계이다. 또한 언론관계 전략에서 한 가지 중요한 것은 각 언론사가 갖고 있는 특성들을 정확히 파악하는 일이다. 언론사들은 자신들 나름의 브랜드 파워를 형성하고 있기 때문이다. 실제 독자들과 시청자

5) 윤희중, 신호창(2001). PR전략론, 서울: 책과길, p.31.

들의 각 언론사에 대한 신뢰도, 이미지, 선호도, 충성도는 서로 다르게 나타나고 있다.6)

언론관계를 위해 PR담당자는 미디어리스트(media list)를 가지고 있어야 한다. 정확하고 광범위한 미디어리스트를 PR담당자가 보유하는 것은 효과적인 언론관계 활동을 위한 초석을 다지는 일이다. 미디어리스트는 발신자와 수신자, 즉 정보를 보유하고 있는 조직과 일반 공중에게 정보를 제공하는 미디어를 연결해주는 가교 역할을 미디어리스트가 수행한다. 미디어리스트는 가장 기본적으로 조직과 관계가 있거나 영향을 미치는 단체, 인물, 주제와 관련된 분야 혹은 해당 산업을 보도하는 언론 매체에 대한 방대한 데이터를 모은 것을 말한다.7)

미디어리스트는 언론사명, 기자명, 이메일과 전화번호 등의 연락처 등이 기본적으로 포함된다. 이 미디어가이드를 보면서 우리 조직이 누구에게 조직 관련 뉴스를 전달해야 가장 효과적일 수 있는지를 판단하게 된다. 따라서 PR담당자들은 자신이 맡은 업무에 맞춰 자신만의 고유한 미디어리스트를 만들어 언론관계 업무에 활용해야 한다. 매체의 환

---

6) 한정호 외.(2008). PR학원론, 서울: 커뮤니케이션북스, p.239.

7) Brown, B.D., & Glou, J.L.G.(1998). The PR Styleguide. KPR 역(2005). PR 스타일가이드. 서울: 커뮤니케이션북스.

경이 빠르게 변화하고 있기 때문에 PR담당자는 자신이 맡은 업무에 맞춰 미디어리스트를 수시로 업데이트해야 할 필요가 있다.

## 2. 언론관계 활동의 3가지 형태

언론관계를 위한 활동은 다양하다. 이 책에서는 언론관계에 포함되는 활동들 중 대표적인 형태 세 가지를 설명한다; 인터뷰, 기자회견, 보도자료 배포.

먼저 인터뷰를 살펴보면, 대부분의 인터뷰는 몇몇 상황을 예외로 두기는 하지만 보편적으로 우리 조직에 대해 궁금증을 가지고 있는 언론사가 우리에게 먼저 인터뷰 요청을 하는 것이 보편적인 방식이다. 인터뷰를 한다는 것은 질문을 하는 사람과 그 질문에 응답하는 사람의 역할을 구분된다. 언론 인터뷰의 경우, 질문은 언론이 하고 그 질문에 대한 응답을 조직이 하게 된다.언론사의 기자는 특정 이슈나 대상에 대해 관심을 가지고 취재를 하는 과정에서 기업이나 기관에게 인터뷰 요청을 하게 된다.

언론사 기자들이 인터뷰를 요청하는 경우는 매우 다양하다. 예를 들어, 우리 기업이 출시한 제품의 시장 반응이 매우 좋은 경우, 우리 기관의 대표가 의미있는 상을 받은 경우, 우리 기관의 대표가 유명한 인물과 만남을 가진 경우, 제품에 하자가 발생해 소비자들의 불만과 불편이 커진 경우,

조직 전체 또는 조직 대표가 합법적이지 않은 행동 및 결정들을 한 경우, 조직과 다른 조직 사이의 갈등이 발생하는 경우 등 다양한 이슈에 대해 언론사의 인터뷰 요청이 오게 된다. 또한 우리 조직의 의지와 관계없이 외부적인 이슈에 의해 언론의 관심을 받기도 한다.

따라서 조직에게 언론의 인터뷰 요청이 오는 경우에는 어떠한 상황에서 이러한 요청이 오는가를 정확히 파악하는 것이 중요하다. 언론의 인터뷰는 조직의 홍보팀 또는 홍보담당자에게 먼저 오기 때문에 요청 언론사, 인터뷰의 목적, 담당기자 등에 대한 내용을 파악하는 것이 중요하다.

조직이 인터뷰에 응하는 경우에는 인터뷰의 목적이 무엇인가를 분명하게 파악하고, 인터뷰에 대한 철저한 준비가 필요하다. 이러한 인터뷰에 참석해 기자들과의 대화에 능숙하게 참여할 수 있는 담당자를 조직은 확보하고 있어야 한다. 조직 내부의 커뮤니케이션 담당자가 있다면 이들이 참여하는 것이 바람직할 수 있고, 그렇지 않다면 PR대행사의 컨설턴트에게 의뢰할 수도 있다. 조직의 내부 또는 외부 인력에서 인터뷰의 참석자가 없다면 조직은 차선책으로 서면 인터뷰 등도 고려해 볼 수 있다.

인터뷰를 위한 준비에서는 예상 질문을 생각해보고 이에

대한 적절한 답변을 마련되어야 한다. 언론과 인터뷰를 진행하는 경우에는 적극적인 자세로 인터뷰에 응해야 한다. 평상시에도 언론사의 기자들과 자주 접하고, 이들과의 소통방법이 구체적으로 수립된 PR담당자가 언론의 인터뷰에 많이 참석하게 된다.

인터뷰에 응한 조직의 PR담당자는 언론의 질문에 대해 적극적이고 성실하게 응대해야 한다. 기자의 질문에 대해 '노코멘트'를 자주 언급하거나, 불성실한 자세로 인터뷰를 하는 경우 조직이 인터뷰를 통해 얻고자 하는 긍정적인 효과를 기대할 수 없다. 조직의 이익만을 고려해 거짓 내용으로 인터뷰에 응하거나, 날카로운 질문을 한다고 해서 기자에게 감정적으로 대응해서는 안 된다. 또한 무언가 크게 감추고 있다는 느낌을 기자에게 줘서도 안 된다.

PR담당자는 인터뷰가 종료되고 난 후에 인터뷰의 내용이 어떻게 기사화되었는가를 모니터링 해야 한다. 평상시에도 PR담당자는 언론에 대한 모니터링을 하고 있지만, 인터뷰를 실시한 이후에는 좀 더 신경을 써서 해당 내용에 대한 모니터링을 해야 한다.

언론관계의 두 번째 형태인 기자회견은 특정 이슈와 관련해서 언론을 통해 구체적으로 설명하기 위해 일정한 시간에 일정한 장소에 기자들을 초청하는 모임을 말한다. 기자회견은 긴급하게 이루어지는 경우도 있고, 시간의 여유를 가지고 이루어지는 경우도 있다.

기자회견을 하는데 있어서 중요한 점은 우리가 기자회견을 하게 될 때 초청된 언론사의 기자들이 얼마나 많이 참석하는가와 관련된 것이다. 기자회견은 PR담당자 입장에서는 많은 준비가 필요한 활동이다. 장소섭외, 기자 초청, 방명록 준비, 발표자료 준비, 필요에 따라 동영상 준비 등 다양한 준비가 이루어져야 한다. 기자회견을 진행한다고 해서 초청된 모든 언론사의 기자들이 참석하는 것은 아니라는 점을 꼭 감안해야 한다. 기자의 시각에서 뉴스로서의 가치가 있고, 참석해야 할 필요가 있다고 판단되는 기자회견에 한해서 참석을 하기 때문이다. 여러 준비를 했음에도 불구하고 기자회견에 기자들의 참석률이 낮다면, 기자회견을 하는 것보다 보도자료 배포를 하는 것이 더욱 효율적일 수 있다.

또한 일방적인 메시지만을 기자들에게 발표하는 것으로 그치는 경우에도 보도자료 배포가 조직과 기자 모두에게 편안한 방법이 될 수 있을 것이다. 반드시 그래야 하는 것은 아니지만 기자회견을 한다면 미리 준비된 내용을 발표하고 나서 기자들이 몇 가지 사항에 대해 질문할 수 있도록 Q&A

시간을 갖는 것이 바람직하다. 기자회견을 마친 후에는 기자회견에 초청을 했으나 참석하지 못한 언론사에 대해 PR 담당자는 기자회견에 대한 내용을 담은 보도자료를 배포해야 한다.

기자회견을 진행하는 과정에서 유의해야 할 점은 참석한 사람들이 불편함을 느끼지 않도록 만반의 준비를 해야 한다는 것이다. 마이크 및 스피커, 좌석배치, 조명, 다과 등 다양한 사항들이 준비되고 점검되어야 한다. 또한 기자회견을 진행하는 과정에서 차분하고 성실하게 응대하는 자세가 필요하다. 예상하지 못한 질문이나 조직에게 부정적일 수 있는 질문 등에 대해서도 부정적인 감정을 드러내지 않고 솔직하고 침착하게 대응하는 방안이 미리 마련되어야 한다.

언론관계의 세 번째 활동은 보도자료 배포이다. 보도자료는 언론사에 단순히 취재거리를 제공하는 것이 아니라 기사 자체를 작성하고 이를 배포하는 것을 말한다. 보도자료 배포를 쉽게 이해하기 위해 예를 들어보자. 한 기업이 신제품을 출시했다. 많은 시간과 공을 들여 신제품을 출시했고, 기업은 이를 많은 사람들에게 알리고 싶다. 광고를 집행할 만큼의 예산은 충분하지 않은 상태에서 많은 사람들이 이 제품에 대해 관심을 가지고 이해하도록 하려면 언론의 뉴스에 관련 정보가 보도되게 하는 것이다. 그러나 인터뷰나 기자회견을 하기에는 기자들이 이 기업이나 제품에 대해서 잘 알지 못하는 상태이다. 빠르게 이 제품에 대해 알리고 싶을 때, 그리고 기업이 원하는 시전에 알리고 싶을 때 활용할 수 있는 방법이 보도자료 배포이다.

보도자료 배포는 조직이 자신에 대한 기사를 마치 기자가 취재해서 작성한 것처럼 완벽한 기사의 형태로 언론사에 배포한다. 보도자료를 받은 언론사는 이 보도자료를 기사화할 것인지의 여부를 결정하게 된다. 즉, 보도자료 배포는 메시지에 대한 통제권이 언론에 있다. 이 보도자료를 기사화 할지, 기사화한다면 어느 정도의 분량으로 할지, 기사의 위치는 어디로 할지를 결정하는 것은 전적으로 언론사에 있다. 매체사에 광고를 집행하는 경우에는 메시지에 대한 통제권이 광고주에게 있다. 왜냐하면 광고주는 매체비를 지불하고 광고를 할 공간이나 시간을 매체사로부터 구매하기 때문이다. 따라서 광고의 분량이나 시간, 광고의 위치, 그 안에 들어가는 메시지 등은 광고주의 의지에 따라 달라지게 된다. 이와 다르게 보도자료 배포는 언론사에 메시지에 대한 통제권이 있기 때문에 보도자료를 배포한 조직의 PR담당자는 보도자료의 기사화 여부나 위치 등에 대해 구체적으로 요구할 수 없다. 보도자료 배포를 기획하고 작성하며 배포하는 업무는 맡은 PR 담당자는 기자의 시각에서 이 보도자료가 어느 정도의 뉴스 가치로 평가될 것인가를 고려해야 한다. 보도자료는 단순히 언론사에 배포하는 것에 의미를 두는 것 보다는 반드시 기사화되어야 한다는 것에 의미를 두고 작업을 해야 한다.

## 3. 보도자료 배포

앞에서 기술한 것처럼 언론사에 보도자료를 배포한다고 해서 반드시 기사화가 되는 것은 아니다. 보도자료를 받은 언론사는 이 보도자료가 기사로서의 가치가 있는지, 언론사 기자의 이름을 걸고 기사를 내도 문제가 없는가를 면밀히 판단하게 된다. 따라서 언론사 기자의 시각에서 보도자료를 작성하고 배포하는 것은 매우 중요하다.

언론사 기자의 시각에서 보도자료를 작성한다는 것은 기사의 균형감이 있어야 한다는 의미이기도 하다. 자사의 브랜드나 기관의 정책에 대해 PR담당자가 보도자료를 쓴다 하더라도 이 내용은 제3의 중립적인 관찰자가 쓴 것처럼 모든 대중들이 인식할 수 있어야 한다. 한쪽의 일방적이고 확인되지 않은 내용으로 기사가 쓰여져 있다면 대중들은 그 기사에 신뢰하지 않고, 그 기사를 실은 언론사에 대해서도 신뢰하지 않게 된다. 따라서 언론사는 이런 문제가 있는 보도자료를 기사화시키지 않는다. 기자는 들어온 보도자료를 많이 수정해야 하거나 많은 확인 과정이 있어야 하는 보도자료에 대해서는 자신의 이름을 걸고 기사화를 시켜주지 않는다. 따라서 보도자료 작성 및 배포에 있어 중요한 몇 가지 사항에 대해 정확히 인지하고 있어야 한다.

전체적으로 보도자료 작성과 배포는 기자를 염두에 두고 해야 한다. 기자가 기사를 쓰는 것과 동일한 패턴으로 써야 한다. 기사는 간결미가 으뜸인 글쓰기이다. 단문 위주의 글쓰기로 사실에 입각한 기사를 쓴다. 또한 기자의 시각(제3의 관찰자 입장)에서 객관적으로 작성해야 한다.

보도자료의 종류에는 크게 4가지가 있다.; 스트레이트형, 해설, 피처, 캡션.

보도자료의 유형은 상황에 따라 그에 부합되는 유형이 결정된다. 먼저 스트레이트(straight)형은 있는 그대로의 사실을 논리적으로 작성하는 보도자료 형태를 말한다. 기사의 유형에서도 스트레이트형이 있는데, 스트레이트형 기사는 사건, 사고, 행사, 정책 등에 대해 취재하고, 이를 적시에 보도하는 기사를 말한다. 스트레이트형 보도자료도 이와 마찬가지고 기업이나 조직의 제품 출시, 마케팅 실적, 행사 등에 관한 정보를 시의성있게 작성하고 배포하는 것을 말한다. 여러 보도자료 유형 중에서 보편적으로 선택할 수 있는 형태이기도 하다. 제품을 출시했거나, 시장에서의 실적이 좋거나, 특별한 정책을 만들었거나, 이벤트를 실시하거나, 조사

결과를 발표하거나, 조직 자체나 조직의 대표가 수상하는 등의 경우에 스트레이트형이 먼저 고려된다. 또한 조직에게 좋은 일뿐만 아니라 좋지 않은 일이 발생했고, 이에 대해 소비자나의 주의가 필요하거나, 조직의 대처 방안을 설명하고자 할 때에도 스트레이트형으로 작성된다. 특히, 모든 사람들이 알아야 하는 시급한 사건이나 사고에 관한 내용을 담은 스트레이트형 보도자료는 빠르게 작성하는 것이 중요하다. 이 과정에서 정보가 잘못 제공되는 일이 없도록 자료에 대한 꼼꼼한 체크도 매우 중요하다.

스트레이트형 보도자료를 작성할 때에는 역피라미드 형태를 염두에 두어야 한다. 역피라미드란 내가 강조하고 싶은 핵심적이고 결정적인 사항들이 기사의 가장 위에 위치하는 형태를 말한다. 역피라미드로 작성을 한다는 것은 기사의 제목(headline), 리드(lead), 그리고 본문(body)의 순으로 구성한다는 것을 의미한다.

또한 본문은 내용의 중요도에 따라 본문의 순서가 정해지는데, 중요한 내용은 기사의 상단부에, 덜 중요한 내용은 기사의 하단부에 위치하게 된다. 역피라미드 형태의 기사가 가지는 장점은 기사의 핵심이 위쪽에 있기 때문에 기사를 다 읽지 않아도 헤드라인이나 리드까지만 읽어도 핵심이 무엇인가를 빠르게 파악할 수 있다는 점이다.

역피라미드의 또 다른 장점으로는 언론사의 입장에서 기사의 편집이 용이하다는 것이다. 예를 들어, 헤드라인, 리드, 그리고 5개의 단락으로 구성된 본문의 스트레이트형 보도자료를 작성해 언론사에 보냈다고 가정해보자. 언론사의 판단에는 모든 내용을 다 기사화할 수 없기 때문에 헤드라인, 리드, 그리고 본문 3개만을 기사화하기로 했다. 그렇다면 보도자료를 편집해야 하는데, 역피라미드로 작성되었으면 가장 하단부의 본문 2개를 싣지 않아도 내용의 핵심을 빠뜨리지 않고 기사화할 수 있는 것이다.

해설 보도자료는 스트레이트형의 보도자료와는 차이가 있다. 해설 보도자료는 대부분 스트레이트형 기사에 대한 보충 또는 구체적인 설명을 하는 역할로 활용된다. 스트레이트 기사만으로는 충분히 설명이 되지 않거나 이해하기 어려운 생소한 단어들을 설명하기 위해서 해설 보도자료를 배포하게 된다. 해설 보도자료는 어떤 문제에 대한 배경 및 분석과 전망 등이 자세하게 설명되고 예측하게 된다. 통상적으로 뉴스의 가치가 큰 기사들이 스트레이트 기사에서 다뤄지고 별도의 해설기사가 추가된다. 스트레이트형 보도자료가 역피라미드(역삼각) 형태로 작성한다면, 해설 보도자료는 피라미드(삼

각) 형태의 기, 승, 전, 결의 형식 또는 도입, 핵심, 그리고 결론의 형태를 가진 다이아몬드 형태로, 사실에 근거해 객관적으로 기술한다.

해설 보도자료를 쓸 때 유의할 점은 문제의 핵심을 정확하게 기술해야 하고, 핵심에 대한 근거 자료나 보충 설명 등이 충분히 뒷받침되어야 한다는 점이다.8) 예를 들어, 관련 분야의 전문가 의견, 객관적이고 과학적인 조사 데이터 확보, 전문기관이 발간한 자료 등을 근거 자료로 활용하는 것이다. 따라서 관련 자료에 대한 검증이 무엇보다도 중요하다. 정확하지 않은 자료를 언론에 제공하는 일은 없어야 한다.

피처(feature) 보도자료는 앞에서 살펴본 스트레이트형이나 해설 보도자료보다 좀 더 가볍게 읽을거리를 제공하는 보도자료를 말한다. 기업이나 기관의 활동이나 행사 등에 관련된 다양한 뒷이야기들이나 감동을 주는 미담 등이 피처 보도자료에 속한다. 예를 들어, 기업이 출시한 제품의 개발 뒷이야기나, 사회공헌 사업을 통해 얻은 따뜻한 봉사 이야기, 창업에 성공한 이야기 등이 이 보도자료의 형태에 포함되게 된다.

피처 보도자료는 기존에 보지 못했던 독특한 소재이거나,

---

8) 조계현(2007). PR실전론, 서울: 커뮤니케이션북스, p.69.

평범하지만 독자의 흥미를 끌거나 편하게 읽을 수 있는 소재를 가지고 있어야 하고, 사건의 주인공과 상식을 벗어난 독특한 상황, 박진감 넘치는 사건 전개 및 갈등 구조 및 진한 감동을 줄 수 있는 에피소드 등으로 이루어지게 된다. 흥미를 끌 수 있는 사건들을 포착, 기사가 살아있는 느낌을 주도록 하는 것이 중요하다.9)

캡션 보도자료는 제품의 이미지나 행사의 사진 등 시각적인 자료를 중심으로 보도자료를 배포하는 것을 말한다. 기업이나 조직이 행사를 진행했을 때, 그 행사를 구체적으로 설명하는 것보다 그 행사의 사진 한 컷이 이 행사를 이해하는데 좀 더 수월한 경우가 있다. 또한 제품 영역에서 자동차나 의류 브랜드 또는 계절감을 느낄 수 있는 아이템의 경우에는 이를 구체적으로 언어로 설명하는 것보다 제품의 외관과 이 제품을 사용하는 모습을 보여주는 것이 훨씬 효과적일 수 있다. 특히, 소비자들이 브랜드를 선택하는 과정에서 디자인이 중요한 요인으로 작용하는 제품의 경우에는 캡션 보도자료를 활용하는 것을 적극적으로 고려할 수 있다.

캡션 보도자료는 한마디로 이미지 한 장이 제품이나 현장을 모두 설명할 수 있을 때 활용된다고 할 수 있다. 캡션 보

9) 조계현(2007). 같은 책, pp.70-71.

도자료를 작성할 때 유의할 점은 이미지가 언어적인 메시지를 대체할 수 있을 만큼 구체적인 형태가 나와야 하고, 브랜드 네임이나 정책명 등이 분명하게 제시될 수 있어야 한다는 점이다.

여러 사람이 모인 중요한 행사 사진의 경우에는 이미지 아래에 반드시 참석 인물에 대한 안내가 추가되어야 한다. 이러한 이미지는 너무 많이 보내면 기자가 판단하기 힘들기 때문에 2-3장으로 보내는 것이 좋고, 사진의 경우 가로용과 세로용 모두 보내는 것이 기자들이 편집을 하게 될 때 좀 더 수월할 수 있음을 감안해야 한다.

## 4. 보도자료 작성의 핵심

보도자료 작성 및 배포를 하는 과정에서 염두에 두어야 하는 것은 해당 언론사에 이 자료가 뉴스로 다뤄져야 한다는 점이다. 따라서 보도자료 작성 및 배포의 업무를 맡은 PR담당자는 어떻게 이 보도자료가 언론의 뉴스를 통해 대중들에게 전달될 수 있는가에 대한 방안을 고민해야 한다. 뉴스로 실릴 수 있는 보도자료가 있는 반면에 언론의 관심을 받지 못하고 뉴스로 다뤄지지 못하는 보도자료가 있음을 유의해야 한다.

이 책에서는 보도자료를 작성할 때 주의해야 할 몇 가지 보편적인 사항들을 언급해본다.

첫째, 보도자료를 역피라미드 형태로 구성할 것인지, 아니면 피라미드 형태로 구성할 것인가를 선택해야 한다. 앞에서 이야기한 것처럼, 스트레이트형 보도자료는 역피라미드 형태로 구성한다. 실제로 언론사의 대부분의 스트레이트형 기사도 역피라미드 형태로 구성되어 있다. 역피라미드 형태로 보도자료를 작성할 때에는 헤드라인, 리드, 그리고 본문을 확실하게 구분하고 이에 맞춰 작성을 해야 한다. 헤드라인은 전체 기사를 가장 축약한 부분이고, 가장 중요한 핵심 단어들이 포함된 곳이다. 이번 보도자료 배포를 통해서 사람들에게 가장 알리고 싶은 핵심사항이 무엇인지를 생각하고 이에 맞춰 헤드라인에 포함되어야 한다. 헤드라인은 사람들의 시선이 가장 먼저 가는 곳이고, 헤드라인에 대한 관심도가 얼마나 높은가에 따라 다음에 이어지는 리드와 본문으로 시선이 옮겨지는 것이 결정되기 때문이다. 기자에게 이메일로 보도자료를 보낼 때에도 보도자료의 헤드라인이 메일의 제목에 포함되기 때문에 헤드라인에 포함될 단어의 선별은 매우 중요하다.

둘째, 보도자료를 기획하고 작성하는 과정에서 언론사의 시각으로 보도자료를 판단해야 한다. 앞에서도 설명했지만 모든 보도자료가 반드시 언론에 기사화되는 것은 아니라는 점을 염두에 둬야 한다. 기자의 시선에서 뉴스로서의 가치가 있다고 판단되는 보도자료를 선택하게 되는데, 그 첫 번째 선택의 관문이 헤드라인이라고 할 수 있다. 따라서 언론사와 대중들의 시선을 받기 위한 보도자료를 작성하려고 한다면 헤드라인을 어떻게 구성할 것인가가 반드시 고려되어야 한다. 또한 언론이 보도를 하고 많은 대중이 관련 내용을 접하는 것이기 때문에 허위사실이나 과장된 내용이 포함되어서는 안 된다.

셋째, 보도자료의 헤드라인(headline)은 정확하고 분명해야 한다. 미사여구로 꾸며지는 헤드라인보다는 내가 전달하고자 하는 객관적이고 분명한 사실에 근거해 내용을 구성해야 한다. 기사는 사회적인 글이다. 기사를 통해서 보도자료가 나가는 것이기 때문에 보도자료 역시 사회적인 글쓰기가 매우 중요하다. 따라서 거짓이나 과장의 표현이 들어간 본문을 포함해 헤드라인도 객관적 사실에 근거한 내용을 중심으로 구성을 해야 한다.

또한 헤드라인이 너무 길면 시선을 끌지 못하기 때문에 그 분량을 적절히 조절해야 한다. 만일 심플한 헤드라인으로 핵심내용을 모두 전달하기 힘들다면 헤드라인 아래 서브헤드라인(부제목)을 1-2개 정도 달아주는 것도 하나의 방법이 될 수 있다.

헤드라인 아래에 위치하면서 본격적인 기사가 시작되는 부분이 리드(lead)이다. 헤드라인이 보도자료의 핵심이면서 요약 중의 요약이라면, 전체 내용을 요약하면서도 헤드라인의 내용이 좀 더 풍성해진 문장이라고 할 수 있다. 헤드라인이 가지고 있는 핵심 단어는 그대로 가면서, 단어 사이사이에 내용을 좀 더 추가해서 완벽한 문장으로 구성해야 한다.

예를 들어, A라고 하는 화장품 회사가 기미관리를 위한 마스크팩을 출시했는데, 레몬과 오렌지에서 미백 성분만을 추출해 천연 비타민C가 풍부하게 들어간 마스크팩을 출시했다고 가정해보자. 이 제품을 알리기 위해 보도자료를 작성했고, 헤드라인이 'A사, 천연비타민C를 함유한 미백 마스크팩 출시'라고 되어 있다고 가정해보자. 이에 대한 리드를 작성할 때에는 헤드라인에서 언급되어진 핵심적인 단어들은 그대로 들어가면서 이 내용을 좀 더 구체적으로 설명할 수 있어야 한다. 그에 대한 리드는 '화장품 전문회사인 A사(대표이름, 홈페이지 주소)는 레몬과 오렌지에서 미백 성분만을 추출해 천연 비타민C가 풍부하게 들어가 기미관리에 효과적인 마스크팩을 출시했다고 밝혔다'라고 쓸 수 있을 것이다. 리드는 완전한 문장의 형태로 작성해야 하고, 헤드라인에서 부족했던 부분을 채워줄 수 있어야 한다.

넷째, 본문(body)는 보도자료의 구체적인 내용들이 포함되어야 한다. 헤드라인과 리드가 보도자료의 핵심적인 내용만을 요약해서 제시했다면, 보도자료의 본문은 사실 위주의 내용들이 구체적으로 제시되어야 한다. 리드 아래의 첫 번째 본문을 대개 바디 1번이라고 표현한다. 단락이 바뀌게 되는 바디 2번과 그 다음의 바디 3번과 비교했을 때, 바디 1번은

바디 2번이나 3번보다 훨씬 중요도가 높은 내용이 되어야 한다. 아래로 내려갈수록 내용의 중요도는 떨어지게 된다.

우리가 일상생활의 글쓰기에서 단락이 바뀌게 되면 대개 들여쓰기를 하게 된다. 보도자료의 경우에는 단락이 바뀌게 될 때 들여쓰기를 하지 않고, 각각의 단락 사이를 한 줄씩 띄어서 작성하게 된다. 보도자료를 작성할 때 줄이 바뀌고 한 줄씩의 여유공간이 있다는 것은 단락이 바뀌었다는 의미로 해석하면 된다.

보도자료의 본문은 사실 위주로 이해하기 쉽게 작성되어야 한다. 전문용어나 새로운 용어들에 대해서 이해하기 쉽도록 작성되어야 한다. 보도자료의 내용을 뒷받침해줄 수 있는 객관적인 근거나 데이터 등을 충분히 제공해야 한다. 또한 보도자료의 설명력을 높이기 위해서는 사진 등을 함께 첨부하는 것이 효과적이다.

보도자료를 작성할 때 염두에 두어야 할 다섯 번째 사항은 핵심 공중을 누구로 할 것인가를 설정하는 것이다. 보도자료는 무조건 쓰는 것보다 누구에게 보여지기 위해 쓰는 것인가를 생각하며 쓰는 것이 훨씬 효과적이다. 핵심 공중을 누구로 설정하느냐에 따라 보도자료를 배포해야 하는 언론사가 달라지고, 기사를 다루는 형태가 언론사별로 다양하기 때문에 그에 맞춰 보도자료를 작성하게 된다. 예를 들어, 방송과 신문, 그리고 잡지가 뉴스를 다루는 방법에 차이가 있다. 잡지가 월간지인 경우에는 한 달에 한번 발행이 되는 것이고, 기사의 마감 날짜를 생각하고 시의성을 고려해서 보도자료를 배포해야 한다. 방송용 보도자료는 충분한 분량의 핵심적인 영상촬영이 필수적으로 고려되어야 한다. 따라서 우리가 타겟으로 삼고 있는 공중들이 어떤 매체를 많이 접하고 있는가를 파악해 보도자료를 작성하고 이에 맞춰 언론사에 배포를 해야 할 것이다.

여섯째, 보도자료는 주제별 또는 업종별로 반드시 포함되어야 하는 내용이 있다는 것을 주의해야 한다. 예를 들어, 영리기업의 스트레이트형 보도자료인 경우에는 많은 분량의 내용을 작성한다고 해서 그 내용이 모두 뉴스로 게재되는 것은 아니다. 따라서 보편적으로 A4용지 2장 이내로 작성하게 된다. 그러나 정부기관의 새로운 정책 등에 관한 보도자료라면 그 분량을 조절하기 보다는 충분한 내용을 설명하는 것이 효과적이다. 정책의 필요성, 정책의 시행 계획, 정책의 기대 효과 등을 기자들이 충분히 이해할 수 있도록 그 내용에 충실해야 한다. 새로운 정책이 수립되고 이를 국민들에게 알리기 위해 보도자료를 배포했다면, 정책에 대한 상세하고 친절한 설명이 있어야 한다.

만일 공연이나 전시와 같은 행사의 보도자료를 배포한다면, 리드에서는 시간과 장소, 그리고 예매 방법 등이 구체적으로 언급되어야 한다. 공연이나 전시는 관람객들이 관람을 결정하게 될 때 중요하게 살펴보는 기본 정보들이 반드시 리드에 제시되어야 한다.

패션 브랜드처럼 제품의 외관이 소비자들의 선택에 중요한 영향을 미치는 업종의 경우에는 사진이나 영상에 좀 더 신경을 써야 한다. 여러 단락의 언어적 표현보다 한 장의 이미지가 그 제품을 이해하는 좀 더 유용하기 때문이다.

신간도서에 대한 보도자료를 배포할 때에는 책의 겉표지가 함께 첨부되어야 한다. 경제 관련 보도자료의 경우에는 글로벌 시장 환경을 고려하고, 전문용어에 대한 충분한 설명이 이루어져야 한다.

의학 관련 보도자료의 경우에는 전문가의 충분한 설명이 포함되어야 하고, 계절 요인 등을 고려해서 보도자료를 작성해야 한다. 예를 들어, 날씨가 추워지는 계절에는 독감이나 면역력과 관련된 보도자료가 사람들의 관심과 시선을 좀 더 받을 수 있을 것이다.

마지막으로, 방송용 보도자료와 일반 보도자료와의 구분을 명확히 하고 그에 관한 전략을 달리 해야 한다는 점이다. 뉴스가 대중들에게 많은 영향을 미치는 임팩트 있는 뉴스인 경우에는 신문용 보도자료를 배포한 것만으로도 방송 뉴스에 보도되기도 한다. 그러나 대부분 일반 기업의 신기술이나 제품 하나만으로는 방소 뉴스가 되기에는 많은 무리가 있다. 이 경우 어떻게 해야 방송 뉴스에 우리 브랜드나 기관이 나갈 수 있을까? 그래서 필요한 것이 방송용 보도자료 기획이다. 방송뉴스는 기사 하나당 1분 30초 정도로 이루어진다. 기업의 기술이나 제품이 언론의 뉴스에 소개되기 위해서는 트렌드나 컨셉을 구성하고 그에 맞는 상황을 3개 정도로 묶어 하나의 기사로 구성하는 것도 좋다. A기업 사례, B기업 사례, C기업 사례 등으로 묶이면서 하나의 트렌드 코드가 형성되는 부분에 신경을 써야한다.[10] 이 과정에서 우리 기업이 아닌 다른 기업에 대한 정보에 오류가 있어서는 절대로 안 된다.

뉴스는 생명력이 있다. 같은 데이터나 자료라 하더라도 그 시대의 사회적, 경제적 이슈와 부합되어야 방송 전파를 탈 수 있다. 그래서 방송 기획을 잘하려면 먼저 사회 경제적 이슈에 부합되는 앵글을 찾아내야 좋은 뉴스가 될 수 있다. 자

10) 홍양선(2020). 산업을 리드하는 PR. 서울: 메이킹북스, p.271.

료 구성의 경우, 기획 의도, 기획 컨셉, 기획 내용 및 보도 앵글, 촬영 및 인터뷰 순으로 작성하며 신뢰할 만한 데이터나 기술 자료 등이 수반되어야 한다. 또한 방송은 비주얼이기에 촬영을 통해서 쉽게 이해되거나 이해하고자 하는 스토리나 팩트가 노출될 수 있어야 한다.[11)]

방송 보도자료를 작성할 때에는 반드시 언어적인 메시지와 함께 이를 구체적으로 설명해주는 역할인 영상이 있는지를 확인해야 한다. 없을 때는 카메라 취재부에 영상 취재를 의뢰한다. 영상을 그대로 전달하듯이 기사를 작성한다. 신문기자는 영상에 관계없이 기사를 쓸 수 있지만, 방송은 영상에 맞춰 쓰게 된다.[12)]

---

11) 홍양선(2020). 같은 책, p.273.

12) 조계현(2005). 같은 책, p.75.

**방송기사 작성 요령**

(2000년 매일경제 편집국의 '기자핸드북' 중에서)[13)]

좋은 방송기사의 요건

① 단문으로 짧게 쓴다.
② 인터뷰는 2개 이상 사용한다.
③ 능동형으로 쓴다(부득이한 경우 수동형도 무방)
④ 문자의 길이에 변화를 준다.
⑤ 되도록 구체적으로 쓴다.

좋은 방송기사 작성 요령

① 구어체로 쓴다.
② 존칭어를 쓴다.
③ 표준말을 사용한다.
④ 품위있는 말을 사용한다.
⑤ 어미는 축약어를 쓴다.
⑥ 단문으로 쓴다.
⑦ 현장의 목소리를 살린다.
⑧ 시제는 어제, 오늘, 내일, 그리고 '지난'과 '오는'을 사용한다.

13) 조계현(2005). 같은 책, p.75에서 재인용

# 3장

# 현명하게 위험에 대처하고 싶다: 위기관리 솔루션

## 1. 위기와 위기관리의 이해

개인이 일생을 살아가면서 크고 작은 위기를 경험하게 된다. 기업이나 기관도 마찬가지로 여러 사업을 전개하거나 여러 정책을 펼치면서 다양한 위기를 경험하게 된다. 위기는 개인이나 조직의 미래에 결정적인 영향을 미치는 중요한 변화과정으로, 잘 관리되지 못한다면 조직, 관련 산업, 관련 공중에게 부정적인 영향을 주는 예측하기 힘든 중요한 위협을 주는 사건을 말한다.14)

위기는 조직의 입장에서는 어제와는 다른 사건이나 사고가 발생을 한 것이고, 이러한 사건이나 사고가 조직의 생존에 부정적인 영향을 미치기 때문에, 신속하고 정확하게 대응하지 않으면 조직의 존립 자체에 영향을 미칠 수 있는 상황을 의미한다. 이러한 위기는 조직의 실수나 비행으로 인해 발생하기도 하고, 조직의 의지와 상관없이 다른 요인에 의해 발생하기도 한다.

위기(crisis)라는 단어는 '위험'이라는 단어와 '기회'라는 단어가 합성이 된 것이다. 이는 우리에게 안 좋은 사건이나 사

14) 조계현(2005). 같은 책, p.122.

고가 발생을 했지만, 이를 신속하게 잘 관리를 한다면 조직에게 있어서 변화를 위한 교훈을 주기도 하고 또 다른 재도약의 기회가 제공될 수도 있는 사건으로 이해할 수 있을 것이다. 다만 조직에게 기회로 작용하기 위해서는 현재 발생한 위험한 상황에 대해 빠르게 인지하고, 이에 대해 현명하고 신속하게 대응할 수 있어야 변화의 기회를 삼을 수 있을 것이다.

위기는 사회가 발달할수록, 시장이 글로벌화되어 갈수록, 새로운 미디어가 등장할수록, 다양한 이해관계자들 사이에서 위기를 경험하게 된다. 조직의 규모가 커질수록 그만큼의 갈등을 포함한 위기가 다양화질 수밖에 없고, 조직이 글로벌한 시장으로 진출하는 경우, 국내 시장에서 경험한 것보다 더 많고 새로운 위기를 경험하게 된다. 따라서 위기는 현재 기업 및 기관의 입장에서는 피하고 싶지만 피할 수 없는 PR활동이라 인식하고, 어떻게 하면 좀 더 신속하고 효과적으로 이 위기에 대처할 수 있는가에 관심이 있다.

기업이 위기에 대해 책임이 많이 있다고 여겨지는 경우에는 공중은 부정적인 정서를 경험하게 된다. 예를 들어, 기업이 국민들의 안전과 건강에 위험할 수 있다는 것을 인지하면서도 생산비용을 절감시키기 위해 적절하지 않은 원료를 넣어 제품을 생산하는 행위, 기업이 불법으로 비자금을 조성해 사회적으로 물의를 일으키는 행위, 기업 경영진이 특정인이 신체적 또는 정신적으로 상처를 입히는 행위 등이 이에 해당할 수 있다. 이때 공중은 이에 대해 관심을 가지며 살피고 분노의 감정을 가지게 된다. 만약 비슷한 수준의 사건이 지속적으로 반복된다면 공중의 분노는 더 커질 수밖에 없다. 분노한 공중은 조직을 비판하고 이에 대해 기사의 댓글이나 자신의 SNS 등을 통해 관련한 의견과 감정을 표현하고 확산시킬 수 있다.15)

위기관리(crisis management)는 위험과 불확실성의 많은 요인을 제거하여 스스로 각자 자신의 운명을 더 잘 통제할 수 있도록 하는 경영 기술이다. 즉, 조직이 위기에 대처하여 조직에 바람직하지 못한 결과를 최소화시키고 이에 따른 신속한 조치를 취하며 아울러 위험의 확인, 위험의 측정, 그리고 위험의 통제를 통해 최소한의 비용으로 위험에 따르는 불이익을 극소화하는 제반 행위를 말한다.16)

기업이나 기관이 경험할 수 있는 위기의 유형은 매우 다양하다. 이 중 대표적인 형태로 커티스링크(Curtis Links)가

---

15) 김요한, 이명천, 손병원(2018). PR입문, 서울: 커뮤니케이션북스, p.27.

16) 조계현(2005). 같은 책, p.122.

1989년도에 저술한 책에서 분류한 형태를 들 수 있는데, 본 책에서는 조계현의 2005년도 저서인 'PR실전론'에서 설명된 내용을 중심으로 살펴보겠다.17)

커티스링크는 위기의 유형을 크게 4가지로 구분하고 있는데, 폭발적 위기, 즉각적 위기, 잠재적 위기, 그리고 만성적 위기가 이에 해당된다. 먼저 폭발적 위기는 단어가 주는 의미만큼 조직의 입장에서는 갑작스럽게 위험한 상황이 발생할 경우를 말한다. 이러한 폭발적 위기의 대표적인 형태로, 비행기 추락 또는 납치, 원유유출 등의 사고가 이 형태에 포함된다고 할 수 있다. 이렇게 급작스럽게 발생한 사고는 사건 발생 이전에는 어떠한 예측도 할 수 없고, 징후도 보이지 않았기 때문에 급작스럽게 일어난 이 사건에 대해서는 어떻게 하면 신속하게 대응하는가, 빠르게 담당자를 파견하고 이를 수습하느냐에 따라 그 성패가 달리는 형태의 유형이다. 따라서 이러한 유형의 위기에 자주 노출될 가능성이 있는 제품 등을 다루는 기업의 경우에는 얼마나 체계적이고 치밀하게 매뉴얼을 만들어 두고 훈련을 받느냐가 매우 중요하다.

이러한 폭발적 위기에 노출될 가능성이 있는 기업은 평상시에 자신들이 특정 제품이나 서비스를 시장에 제공하는 과

17) 조계현(2005). 같은 책, pp.123-124

정에서 경험할 수 있는 다양한 위기들 중 이렇게 징후가 전혀 없으나 만일 발생하게 되면 그 파장이 매우 큰 위기들을 위한 매뉴얼을 준비하고, 정기적으로 업데이트해야 하는 것이 관건이다.

매뉴얼이 있다고 해서 매우 신속하게 대응하는 것이 보장되는 것은 아니다. 체계적인 매뉴얼을 만들고 업데이트를 지속하는 것만큼 관계자들이 그 매뉴얼에 대한 교육 또는 훈련을 받는 과정이 함께 고려되어야 한다. 조직의 구성원들은 매뉴얼이 어느 수준까지 준비되어 있는가를 평소에 파악해두어야 한다.

또한 매뉴얼에 언급된 내부구성원들이 매뉴얼에 기술된 대로 훈련을 해보거나 교육을 받음으로써 실제로 이와 같은 일이 발생했을 때 당황하지 않고 매뉴얼에 기술된 대로 능숙하게 대응할 수 있도록 하는 것이 중요하다.

즉각적 위기는 폭발적 위기와는 다르게 사건이나 사고의 징후가 포착이 된다. 그러나 위기에 대한 징후가 포착이 되었다 하더라도, 이에 대한 신속한 대응이 이루어지지 않는다면 그대로 위기상황에 직면하게 되는 형태의 위기를 말한다.

즉각적 위기의 대표적인 형태가 조직에 대한 언론의 부정적인 보도 등을 들 수 있다. 조직이 아무 준비도 되지 않은 상태에서 언론의 취재가 이루어졌고, 그 보도로 조직이 타격을 입게 되는 상황이라면 이는 즉각적 위기에 해당이 된다. 따라서 즉각적 위기의 경우에는 매뉴얼의 준비도 중요하겠지만, 긴박하게 돌아가는 위기 상황에 대해 능숙하게 대처할 수 있는 경험이 많은 PR담당자의 확보가 무엇보다 중요하다.

아무리 긴박하게 상황이 전개된다 하더라도 잊지 말아야 할 것은 절대로 언론이나 대중을 대상으로 불리한 상황을 모면하기 위해 거짓말을 하거나 은폐하는 등의 대처를 해서는 안 된다는 것이다. 공공의 이익에 위배되거나 사회적 상식에서 벗어나는 위기대응은 오히려 조직의 이미지를 실추시키고 회복하기 어려운 더 큰 위기로 이어질 수 있기 때문이다.

잠재적 위기는 앞서 살펴봤던 폭발적 위기나 즉각적 위기보다는 안 좋은 징후 포착이 가능하고, 이에 대한 대응이 충분히 이루어질 수 있다는 특성이 있다. 충분한 대비가 이루어질 수 있다는 점은 시간의 여유를 둔다는 점에서는 장점이지만, 충분한 시간이 주어졌음에도 불구하고 제대로 된 대책마련이 이루어지지 않았다면 시간이 충분했던 것이 오히려 더 큰 비난을 받을 수 있는 요인이 될 수도 있다.

만성적 위기는 단순한 문제라기보다는 복잡한 문제로, 어디에서 어떻게 나타났는지, 이 문제가 어떻게 사라질지를 가늠하기가 매우 힘든 형태이다. 대표적인 형태가 루머이다. 루머가 관리하기 어려운 이유는 이 루머가 언제, 누구로부터 시작되었고, 누구에게까지 전파되었으며, 이 루머가 언제까지 지속될 것인가에 대한 예측이 불가능하기 때문이다. 루머에 대해 적극적으로 대응하는 것은 오히려 모르는 사람까지 알게 하는 문제가 발생할 수 있고, 루머에 대해 함구하는 전략을 선택하는 것은, 문제가 더 일파만파 퍼지는데 조직은 속수무책으로 있다거나, 그 루머를 인정하는 것처럼 보일 수 있다는 것이다. 따라서 만성적인 위기는 그 문제가 서로 얽혀있으면서 어떻게 해결을 봐야 하는지, 어디서부터 살펴봐야 하는지 등의 문제가 매우 심각한 경우이기 때문에 관리에 까다로움을 느끼는 PR담당자들이 있다.

위기가 발생했다는 것은 PR담당자들을 포함해서 조직 구성원들이 모두 비상체제에 돌입한다는 것을 의미한다. 또한 위기의 양상이 모든 상황과 기업에게 동일하게 전개되는 것이 아니기 때문에 위기 예측이 힘들다는 점에서도 어려운 업무인 것은 사실이다.

빠르게 파악하지 못하는 경우, 현명하게 대처하지 못하는 경우, 대수롭지 않은 일이라고 치부하는 경우, 시간이 알아서 해결해줄 것이라 생각하는 경우 등은 위기를 현명하게 극복하지 못하고 조직을 어렵게 만드는 잘못된 위기관리 패턴이라 할 수 있다.

우리 조직이 경험할 수 있는 위기는 어떠한 것이 있고, 어떠한 것을 위기의 시작이라고 보는지, 누가 그 위기를 담당해야 하고, 어떻게 대처하는 것인 현명한 방법인가를 지속적으로 고민하고 이를 준비하는 것은 매우 중요한 일이다. 위기의 시작은 조직의 전 구성원이 평소와는 다른 업무를 담당해야 함을 의미하기도 한다.

위기는 조직과 조직의 구성원 전체가 어려움을 겪을 수 있는 힘든 시간일 수 있다. 위기를 좋아서 받아들이는 기업은 없다. 누구나 피하고 싶고, 경험하고 싶지 않은 것이 위기이다. 그러나 조직을 운영하는 과정에서 언제든 발생할 수 있는 것이 위기라고 생각하고, 이를 빠르게 감지하고 현명하게 의사결정을 한다면 장기적인 관점에서 위기가 조직에게는 새로운 모습으로 변모할 수 있는 터닝포인트 역할을 할 수 있다.

위기가 전개되는 모습은 매우 다양하고, 위기관리를 위한 활동도 매우 다양하다. 조직과 관련된 대부분의 이해관계자들이 위기에 대해 충격을 받게 되고 조직 자체나 조직의 경영진에 대한 신뢰감 측면에서도 실망을 하게 될 수도 있다. 어렵게 쌓아올린 조직의 이미지와 신뢰도가 현명하게 대처하지 못하는 위기관리로 인해서 무너져 내리는 일이 없도록 평상시에 위기에 대해 인식하고, 효과적인 위기관리 방법에는 어떠한 것들이 있는가를 살피는 것은 조직을 운영하는데 있어 매우 중요한 사항이다.

## 2. 위기관리를 위한 사전준비

효과적으로 위기에 대응하기 위해서는 위기가 가지고 있는 속성을 먼저 이해해야 한다. 위기는 기업이나 기관에 부정적인 사건이나 사고가 발생을 한 것으로, 대중들이 이를 파악하는 시간은 매우 빠르다. 위기 상황 초기에 많은 언론의 관심을 받고 다양한 차원에서 보도가 되기 때문에 우리 공중을 포함한 대중들이 이와 관련된 뉴스를 빠르게 접하게 된다.

정보의 확산 속도가 매우 빠르기 때문에 이에 대한 대응도 매우 신속하게 이루어져야 한다. 조직의 위기관리와 관련된 업무를 하게 되는 담당자는 현재 무슨 일이 발생했고, 이와 관련된 사실을 얼마나 많은 사람들이 인지하고 있는지, 그래서 우리 조직에 대한 평가가 어떻게 부정적으로 변화되는가를 실시간으로 정확히 파악해야 한다. 이와 동시에 조직이 어떠한 대응을 해야 하는지에 대한 의사결정이 빠르게 이루어져야 한다.

위기관리가 어려운 이유 중의 하나는 이러한 상황의 파악이 조금이라도 늦거나, 상황판단이 잘못되어 의사결정이 잘못 이루어지는 경우에 조직이 입게 되는 타격이 매우 클 수 있다는 점이다. 빠르게 상황을 분석하고 보고해야 하는 과정에서 분석의 오류가 나타나거나 여러 가지 커뮤니케이션 오류가 발생할 수 있고, 이에 따라 그 대처가 적절하게 이루어지지 못하는 경우가 많이 발생할 수 있다.

또한 위기를 발생시킨 사건이나 사고의 본질에서 좀 더 확대되어 다른 이슈로 그 문제가 번질 수 있다는 점도 위기관리가 어렵게 인식되는 이유 중의 하나가 될 수 있다. 한 개의 사건이나 사고에서 시작된 위기가 여러 개의 위기로 확대될 수 있다는 의미이다. 시간이 흐름에 따라 초기의 사건과 다른 양상의 사건이 여러 가지로 얽히게 될 수도 있고, 이에 따라 대응 방안도 다각화되어야 하는데 이를 따라가지 못한다면 문제가 더욱 심각해질 수 있다는 것이다.

이에 더해 여러 이해관계자들이 관련 정보를 접하기 때문에 조직이 신경을 써야 하는 공중의 범위가 매우 넓어지게 된다. 위기관리를 위한 커뮤니케이션의 대상이 매우 다양하고 그 범위가 넓어진다는 것은 위기관리 담당자 입장에서는 여러 개의 업무가 동시에 이루어져야 함을 의미한다. 시간은 제한되어 있고, 인력 또한 제한적이기 때문에 이에 맞춰 발 빠르게 움직이는 것이 위기관리에서 매우 중요하다.

효과적인 위기 대응을 위해서 기업이나 기관들은 다양한 차원의 위기에 대한 사전 준비를 실시한다. 기업이 판매하고 있는 제품이나 서비스, 정부기관의 성격 등에 따라 경험할 수 있는 위기의 종류는 다양하다. 예를 들어, 화장품을 만드는 회사의 경우에는 화장품 제품 사용 후 소비자들의 불만족, 화장품 제품 성분의 논란, 화장품 용기 포장의 환경 이슈 등을 들 수 있다. 반면, 과자를 판매하는 회사에서는 과자를 잘못 먹고 식중독 등의 발병이 이루어지는 경우, 비행기를 사람을 실어나르는 일을 하는 회사에서는 추락 등의 위기가 매우 중요한 위기일 것이다.

기업의 업종에 따라서, 제품의 유형에 따라서, 기관의 특성에 따라서 위기의 모습은 매우 다양하기 때문에 자신의 조직이 경험할 수 있는 위기의 형태가 어떤 것인가를 미리 살펴보고 관련한 대응을 준비하는 것은 매우 중요하다.

이러한 일들이 발생할 때 신속하게 대응하지 않으면 위기관리는 실패할 수 있다. 만일 이러한 일이 발생했을 경우에 조직이 신속하게 대응하기 위해서는 평상시에 위기에 대해 관심을 가지고 관련한 핵심 사항에 대한 준비를 철저히 하는 것은 위기관리에 있어 매우 중요하다.

위기에 대한 준비를 구분하면 크게 직접적인 준비와 간접적인 준비가 있다. 위기에 대한 직접적인 준비는 오로지 위기를 위해서만 준비되는 항목들을 제시한다. 반면에, 위기에 대한 간접적인 준비는 위기를 위해서만 준비한 것은 아닌데, 이러한 준비된 항목들이 잘 운영되는 경우에는 위기에 대한 공중들의 충격을 줄일 수 있는 충격흡수제 같은 역할을 수행한다. 예를 들어, 한 회사가 꾸준히 CEO의 이미지를 긍정적으로 만들었고, 여러 이벤트 등에 후원을 해왔으며, 언론의 기사에서도 해당 회사에 대한 평판이 매우 좋으며, 지역사회 주민들과도 돈독한 상태라고 가정을 해보자. 이 회사에게 위기가 닥쳤을 때 그 회사가 경험하게 되는 손실의 정도는 이러한 준비가 없을 때와 비교하면 상대적으로 많이 약화되어 나타날 가능성이 높다. 절대적으로 위기가 닥쳤을 때 만병통치약처럼 상황을 좋게 만드는 사전 준비는 존재하지 않지만, 그 충격을 줄여줄 수 있는 방안들은 존재한다. 이러한 맥락에서 평소에 긍정적인 CEO 아이덴티티를 만들거나, 이벤트의 후원사가 되거나 주역주민과의 돈독한 관계를 맺는 활동 등은 이러한 위기가 발생했을 때 기업이 입게 되는 피해를 줄이는데 도움이 된다. 즉, 이러한 방법은 위기만을 위해서 조직이 별도로 준비하는 직접적인 상항은 아니더라도, 그 피해를 덜 입게 하는 데 도움이 될 가능성이 높은 방안으로 인식하는 것이 바람직하다. 이러한 활동들이 꾸준히 전개되었을 경우에 즉각적으로 얻게 되는 효과와 함께 위기관리 차원에서의 효과도 함께 논의될 필요가 있는 것이다.

위기의 직접적인 준비는 조직이 평상시에 위기에 대비해서 여러 가지 사항들을 미리 준비해 놓는 것이다. 위기가 발생한 상황에서 위기에 대한 논의를 하고 그 대처방안이나 인력배치 등을 논의하면 그만큼 늦게 위기에 대응을 하게 된다. 앞에서 기술한 것처럼 위기는 얼마나 빠르게 대처하느냐가 중요한 만큼 미리 필요한 사항들을 준비해놓으면 그만큼 신속하게 대응할 수 있다. 따라서 기업이나 기관들은 각자 자신의 영역에 맞춰 위기에 대한 직접적인 준비를 하게 된다.

기업이나 기관들은 그 업종이나 서비스의 유형에 따라 취약한 위기가 존재하게 된다. 위기관리의 직접적인 준비의 첫 번째 단계는 각 조직별로 발생 가능한 위기의 유형이 무엇인지를 파악하는 것이다. 과거에 조직이 경험을 했었던 위기의 유형, 유사성을 가진 조직들이 경험을 했었던 위기의 유형 등을 토대로 해서 발생할 수 있는 위기의 목록을 도출해낸다.

이 위기의 목록들 중에서도 발생 가능성이 높은 위기들에 대해서는 아주 구체적인 매뉴얼을 준비해야 한다. 매뉴얼에서는 위기가 발생하게 되면 어떤 파장이 예상이 되는지, 이 위기와 관련된 대응을 누구를 중심으로 진행해야 하는지, 기본적으로 필요한 준비사항들은 무엇인지 등을 정확하게 기술해야 한다. 매뉴얼을 꼼꼼하게 만드는 과정은 많은 시간과 노력이 필요하지만, 매뉴얼에 언급된 위기가 발생하는 경우에는 매뉴얼에 언급된 대로 대응하면 되기 때문에 좀 더 신속하고 일관성 있게 대응할 수 있다는 장점이 있다. 따라서 위기의 직접적인 준비의 첫 번째 단계는 조직에게 발생 가능한 위기가 무엇인가를 정확히 파악하는 것이 무엇보다 중요하다.

위기에 대한 직접적인 준비의 두 번째 단계는 위기관리팀을 구성하는 것이다. 조직의 입장에서 어떤 이슈가 발생하면 그것이 조직에게 위기가 될 수 있는지 아닌지를 판단하기 위해서는 기본적으로 이슈에 대한 모니터링을 지속적으로 해야 한다. 이러한 모니터링을 지속적으로 맡을 담당자를 설정하는 것부터 위기관리팀의 구성이 시작된다. 모니터링 담당자는 위기가 아닌 평상시에도 조직과 관련된 이슈 모니터링을 지속적으로 하고 있는 반면, 나머지 위기관리팀에 포함되는 담당자들은 조직이 위기를 인지하는 과정에서 해당 업무를 맡게 된다. 위기관리팀은 빠르게 구성되는 것이 조직의 입장에서 위기에 효과적으로 대응하는 것이기 때문에 매우 중요하다. 따라서 평상시 위기를 위한 직접적인 준비 과정에서 위기관리팀을 미리 구성하게 된다. 첫 번째 단계에서 조직이 경험할 수 있는 위기의 유형을 도출하고 분류했다면, 각각의 위기 유형별로 위기관리팀에 포함되어야 하는 담당자 유형이 달라진다. 예를 들어, 법적인 분쟁으로 인한 위기가 발생하는 경우에는 이를 담당할 법무팀 담당자나 법률전문가가 해당 위기의 관리를 위한 팀의 구성원에 포함되게 된다. 제품의 하자가 발생해 위기가 발생하는 경우에는 품질관리나 생산관리 담당자가 위기관리팀에 포함되는 것이다.

전성철은 2011년의 저서인 '위기관리 10계명'에서 위기관리팀의 편성이 매우 중요하다고 강조하고 있는데, 저자는 위기관리팀에 반드시 포함되어야 하는 역할로 위기관리팀장, 위기실무팀장, 사실관계팀장, 언론팀장, 대정부 및 시민단체팀장, 세일즈마케팅팀장, 제조분야전문가, 변호사 등으로 구성해 설명하고 있다. 위기관리팀장은 위기관리팀의 대표로, 전체적인 위기에 대한 핵심적인 의사결정을 하는 역할을 수행한다. 일반적으로 조직의 대표가 위기관리팀장이 되는 경우가 많다. 위기실무팀장은 위기에 대한 중요한 기획과 집행을 컨트롤하는 역할을 수행한다. 위기관리팀장이 핵심적인 의사결정을 한다면 위기실무팀장은 그에 맞춰 다양한 업무들을 전체적으로 조율하고 통제하는 역할을 수행한다. 사실관계팀장은 위기가 발생했을 경우에 외부에 제시할 사실관계를 총체적으로 책임지고 메시지를 기획하고 만드는 역할을 수행한다.18)

세 번째는 위기관리를 위한 매뉴얼을 구체적으로 작성해 준비해놓는 것이다. 매뉴얼은 위기가 발생할 때 위기관리 담당자들이 어떤 행동을 먼저 해야 하는가를 명시해놓은 것이다. 위기가 발생할 때 최고의사결정권자와 담당자들에게 어떤 방법으로 빠르게 보고해야 하는가를 명시한다. 각각의 위기별로 위기관리담당자를 누구로 설정한 것인지, 위기 상황에서 대책을 논의할 위기관리본부 설치를 어디에 하고, 어떻게 운영할 것인지, 그리고 위기에 대응하는 업무에서 최우선에 놓아야 할 업무가 무엇인지 등을 언급한다. 예를 들어, 재해가 발생하는 경우에 인명구조 및 구호활동을 어떻게 해야 하는지, 생사 확인은 어떻게 하는지, 내부 구성원과 외부에 이 위기를 어떻게 알릴 것인지 등을 설정해야 한다.19)

18) 전성철(2011). 위기관리 10계명, 서울: 웅진윙스, pp.127-132.

19) 에프케이아이미디어(2014). 미리 준비하는 위기관리 실천 매뉴얼, 서울: 프리이코노미북스, pp.108-115.

네 번째는 위기관리 매뉴얼에 대한 교육 및 훈련을 담당자들에게 실시하는 것이다. 위기관리의 매뉴얼을 만들었다고 해서 신속하고 효율적으로 대응하는 것은 아니다. 반드시 위기관리 담당자들에게 매뉴얼에 기재된 내용을 교육하고 실제로 훈련해서 담당자들이 위기발생시 당황하지 않고 일사분란하게 실행에 옮기도록 해야 한다. 또한 교육과 훈련을 통해서 매뉴얼 상에서의 오류가 발견된다면 매뉴얼의 내용을 수정해야 한다.

## 3. 위기관리 커뮤니케이션 전략

위기가 발생을 하게 되면 조직은 내부 구성원과 외부의 이해관계자들에게 위기와 관련된 커뮤니케이션을 해야 한다. 이러한 커뮤니케이션을 기획하고 실행할 때 유의해야 할 점은 커뮤니케이션은 신속하게 이루어져야 하고, 그 내용은 충실하고 진실되어야 한다는 것이다. 조직이 위기에 대해 감추고 있다는 느낌을 이해관계자들이 받게 한다거나, 거짓으로 불편한 순간을 모면하려는 방법은 위기를 더욱 증폭시킬 수 있다. 어떠한 위기에서도 조직은 강하면서 우호적인 이해관계자들과의 관계를 구축할 필요가 있다. 이를 위해 이해관계자들에게 정보를 일관성 있고 제공해야 하고, 모든 이해관계자들이 조직의 위기에 대해 인지하고 이해할 수 있도록 정보의 개방성을 고려하는 것은 매우 중요하다.[20]

위기가 발생했을 때 어떤 핵심 메시지를 만들어 반복적으로 그 메시지를 다양한 이해관계자들에게 전달하는 것은 아주 중요한 일이다.[21] 위기 상황별로 적절한 커뮤니케이션

20) Ulmer, R.R., Sellnow, T. L., Seeger, M. W.(2009). Effective Crisis Communication, 최양호, 이명천 역(2009). 위기 커뮤니케이션 위기는 어떻게 기회가 되었나? 서울: 커뮤니케이션북스

전략을 구사하는 것도 매우 중요하다.

위기 커뮤니케이션의 유형으로는 위기부인전략, 거리두기전략, 환심사기전략, 굴욕감수전략 등이 있다. 위기부인전략은 위기가 발생하지 않았다고 이야기하거나 위기의 발생 원인이나 책임이 조직에게 없을 때 선택할 수 있는 방법이다. 이러한 전략을 선택을 할 때에는 객관적으로 조직의 책임이 없다는 객관적인 근거를 제시하는 것이 필요하다. 조직의 책임이 있음에도 불구하고 부인전략을 선택해서 그 순간을 모면하는 것은 절대로 조직에게 도움이 되지 않는다. 위기와 관련된 책임뿐만 아니라 상황을 모면하려고 거짓을 말하는 부도덕한 조직으로 인식될 수 있기 때문이다.

거리두기전략은 위기에 대한 존재를 인정하지만 조직과 위기 사이의 인관관계를 약화시켜 위기로 인한 조직의 타격을 최소화하려는 메시지를 구성하는 것이다. 이러한 유형에는 변명과 합리화 전략이 있다.

환심사기전략은 조직이 그동안 조직에 대해 사람들이 가지는 긍정적인 이미지를 활용해서 현재 발생한 위기의 부정적 영향력을 최소화하려는 메시지 전략이다. 과거의 선행이

21) 김경해(2001). 위기를 극복하는 회사, 위기로 붕괴되는 기업, 서울: 효형출판, p.243.

나 업적을 이야기하거나 현재의 위기가 좀 더 나은 조직을 위한 필연적인 상황에서 발생한 것이라고 설명하는 것을 의미한다.

굴욕감수전략은 위기에 대해 조직의 책임을 다하겠다는 약속을 이해관계자들에게 하는 것을 말한다. 사과하고 시정하는 조치들이 이에 해당된다.22)

위기 커뮤니케이션 전략을 수립할 때 항상 염두에 두어야 하는 것은 현재의 불리한 상황을 모면하기 위해 거짓을 말하거나 임시방편의 메시지 전략을 수립하는 것은 조직과 우리사회에 절대로 도움이 되지 않는다는 것이다. 조직을 운영해나가는 과정에서 크고 작은 어려운 상황들이 발생할 수 있다. 그 과정에서 조직의 과실이 있을 수도 있고, 조직의 입장에서는 억울한 부분이 있을 수도 있다. 현재의 어려움을 모면하기 위해 거짓말을 하거나 과장을 하는 일은 결국에는 조직을 더 어려움에 빠지게 만드는 일이 될 수 있다. 위기사건이 발생하고, 그와 관련된 대중들의 관심이 커질수록 그에 대한 조직의 대처 방안도 관심을 받게 된다. 언론의 관심이 높아지고 다양한 시민단체의 관심도 높아지기 때문에 절대로 과장하거나 거짓으로 메시지를 만들어서는 안 된다. 어

22) 송해룡, 김원제, 조항민(2008). 리스크 커뮤니케이션과 위기관리. 서울: 한국학술정보.

려움에 처할수록 침착함과 정직함이 핵심이 된 메시지 전략의 수립이 조직에게 더욱 도움이 될 수 있다.

# 4장

# 선한 기업이고 싶다:
# 기업의 사회적 책임 사업 솔루션

## 1. 기업의 사회적 책임 사업의 이해

기업의 사회적 책임 사업이란 각종 사회문제의 개선을 지원하고 기업의 사회적 책임에 대한 의무를 의행하기 위해 펼쳐지는 주요 활동들을 말한다. 기업의 사회 참여 사업을 통해 가장 많이 지원되는 사회문제로는 건강(예방접종, 코로나예방), 안전(운전중 안전벨트), 교육(문맹퇴치, 컴퓨터 교육), 고용(직업훈련, 견습실무), 환경 지역사회와 경제개발(재활용, 포장지 줄이기), 기타 기본적인 사람들의 욕구와 필요(기아, 노숙자 지원, 동물 보호) 등이 있다.[23)]

기업의 사회적 책임 사업은 이제 선택이 아니라 필수가 되었다. 과거에 비해 기업의 사회적 책임 사업에 대한 분석과 기획을 많이 하고 있고, 소비자들에게 관심을 받는 대부분의 기업들이 크고 작은 사회적 책임 사업을 전개하고 있다. 기업이 사회적 책임 사업에 많은 관심을 가지고 있는 이유는 소비자들이 선행을 하는 기업에 대한 관심이 높기 때문이다. 경쟁 브랜드보다 우위를 점하기 위한 기업들의 활동

23) Kotler, P., Lee, N.(2005). Corporate Social Responsibility, 남문희 역(2005). 착한 기업이 성공한다, 서울: 리더스북, pp.22-23.

과 노력은 매우 치열하다. 다른 브랜드보다 좀 더 우수한 기능의 제품을 개발하고, 좀 더 많은 커뮤니케이션 채널들을 마련하고자 한다. 즉, 기업은 제품의 차별화를 위해 많은 노력을 기울인다는 것이다.

그러나 브랜드들이 넘쳐나고 있는 시장에서 어떤 브랜드가 다른 브랜드보다 기능면에서 훨씬 우수하다고 판단하는 제품차별화가 쉽게 이루어지지 않는다. 이러한 차원에서 다른 브랜드와의 차별화하는 방법의 일환으로 사회적 책임 사업에 관심을 가지게 되는 것이다. 즉, 소비자들이 브랜드를 선택하는 과정에서 그 기업이 얼마나 선한 영향력을 행사하고 있는지, 그리고 사회의 한 구성원 역할을 잘 해내고 있는가를 기준으로 브랜드를 평가하고 선택한다는 것이다.

또한 기업이 한 사회의 일원으로 그 역할을 수행하기를 바라는 사회적 기대감이 높아지고 있기 때문이다. 어느 한 사회에서 많은 소비자들에게 각광을 받고 많은 매출을 얻었다면 이를 다시 사회에 환원하며 사회의 일원으로써의 역할을 수행하는 것이 바람직하다는 인식이 보편화되었다. 이는 기업에 대한 가치를 단순히 금전적인 차원에서 평가하는 것이 아니라 공공의 가치와 이익에 대한 기여도의 차원도 함께 평가하는 분위기가 기업의 사회적 책임 사업을 적극적으로 전개하게 만드는 요인임을 설명하는 것이다.

사회적 책임을 지속적으로 수행하는 기업은 투자자와 소비자들에게 더 큰 가치를 제공할 수 있으며, 이는 기업의 경쟁력 향상의 긍정적인 효과로 연결되기도 한다. 이러한 상황에서 기업은 선행을 해야 한다는 판단을 하게 되고, 일단 하는 것이라면 PR차원에서 얼마나 가치 있게 이 사업을 운영해야 하는가에 관심을 가지게 된다.

사회적 책임 사업을 전개하는 기업의 등장은 사회적 공동의 가치와 상업적인 비즈니스 체계의 결합을 보여주는 것이라고 보겔(D. Vogel)은 설명하고 있다. 이들 기업에서는 애초부터 사회적 책임이라는 사명이 비즈니스 전략에 없어서는 안 될 경영 차원의 핵심 요소였다는 것이다. 이 기업들은 비즈니스를 단순히 돈을 버는 수단이라는 인식에서 벗어나 사회를 발전시킬 수 있는 도구로 고려했고, 이를 위한 기업의 역할에 관심을 두었다.[24]

24) Vogel, D.(2006). The Market for Virtue, 김민주, 김선희 역(2006). 기업은 왜 사회적 책임에 주목하는가, 서울: 기획출판 거름, p.71.

## 2. 기업의 사회적 책임 사업의 조건

기업이 사회적 책임 사업을 전개할 수 있는 방법은 여러 가지이다. 기업이 가지고 있는 철학, 판매하고 있는 제품, 예산, 내부 구성원들 및 투자자 등의 의견을 청취 등을 기초로 해서 그 기업에 가장 부합될 수 있는 책임 사업을 전개해야 한다. 모든 사회적 책임 사업을 전개한다고 해서 반드시 성공하는 것은 아니다. 많은 정성과 예산을 들여 준비했다 하더라도 소비자들의 눈에 띄지 못할 수도 있고, 기업이 사회적 책임을 하려는 의도에 대해 상업적인 의도라고 평가절하하는 평가를 받을 수도 있을 것이다. 또한 내부구성원이나 투자자 등이 예산규모나 집행 방법 등에 동의하지 않을 수도 있을 것이다. 따라서 기업의 사회적 책임 사업의 규모나 실시기간, 실시 방법 등에 대한 부분은 이해관계자들의 의견을 청취하고, 집행 방법 등에 대해서는 매우  구체적으로 논의해야 한다.

또한 한번 사업이 정해지면 오랫동안 끌고 갈 수 있는 힘이 있고 그만큼의 이슈에 대한 관심도가 높아야 한다. 1-2년 사이에 변경될 주제는 그만큼 크게 관심을 받지 못할 뿐만 아니라, 기업의 사회적 책임사업에 대한 진실성 부분에서도 많은 지적을 받을 수 있다. 따라서 최소 3-4년을 끌고 갈 수 있으면서 우리 브랜드나 기업을 연상시키거나 우리의 타겟이 관심을 가지고 있는 주제를 찾아 장기간동안 적극적으로 관련 사업을 진행해야 한다.

또한 그 사회에 직면한 현실적인 문제점이 사업의 주제로 대두되어야 한다. 예를 들어, 모든 사회 구성원들이 심각한 사회문제라고 인식하고 있고, 이러한 문제와 연관된 것이 그 기업 또는 제품이 해결자 역할을 수행하는 것은 매우 중요한 일이라 할 수 있다. 그러나 대부분의 사회 구성원들은 관심을 갖지 않고 있는 문제이고, 소수의 몇 명만이 관심을 가지고 있고 혜택을 받을 수 있는 문제라면 기업이 이러한 주제를 사회적 책임 사업의 주제로 채택하지는 않을 것이다. 보편적으로 많은 사람들이 이 사회의 시급히 해결해야 할 문제, 누군가가 나서서 도움을 줬으면 좋겠다고 생각하는 문제점들에 대해 기업이 전면에 나서서 이 문제를 해결해 나가는 것이 바람직하다.

그리고 공익사업을 위한 파트너 선정에 있어서도 구체적인 기준이 있어야 한다. 기업과 사회적 책임 사업을 함께 전개해나갈 파트너에 대한 기준으로는 정직성, 투명성 등의 있다. 사회적 책임 사업에 대한 파트너는 각자 고유한 정체성과 특성을 유지한다. 우선, 조직의 문화, 역량, 배경뿐만 아니라 그 조직의 필요사항과 자산에 대한 정확한 이해가 적합한 파트너 선정의 전제 조건이 된다. 파트너 선정을 위한 평가 항목으로는 파트너 대상 비영리단체의 목표, 파트너십을 추진할 수 있는 역량, 단체의 역사, 이사회 구성, 리더십과 재정상태, 최근 언론 매체가 다룬 긍정적 내용과 부정적 내용 또는 논쟁의 대상이 된 이슈와의 관련성 등이다.[25]

마지막으로 내주 구성원들의 사회적 책임 사업에 대한 동의를 구해야 한다. 예를 들어, 자원봉사를 프로그램 기획할 때 간과해서는 안 되는 중요한 설득 대상이 내부 구성원들이다. 내부 구성원들로 하여금 자원봉사 프로그램에 참여하도록 계획을 했다면, 이 계획 수립 이전에 이미 내부 구성원들로부터의 자원봉사 동의를 얻어야 한다.

기업에 입장에서는 그날그날의 생산량에 차질이 발생한다 하더라도 좋은 일을 위해 내부 구성원 전체 또는 일부를 자원봉사에 참여시키게 된다. 이때 중요한 것은 내부 구성원들로 하여금 자원봉사에 대해 불편함을 느끼거나 참여의 의

25) Marconi, J.(2002). Cause Marketing, 김세중 역(2005). 기업 이미지를 팔아라. 서울: 다리미디어,

사가 없는 상태인 경우에는 이 프로그램을 운영한다 하더라도, 참여율이 떨어지고, 자원봉사의 퀄리티 또한 보장할 수 없을 것이다.

따라서 이러한 봉사 프로그램에 참여하는 경우 일정 부분의 인센티브를 제공하는 등의 독려 프로그램이 준비하는 것을 고려해 볼 수 있다. 이러한 봉사 프로그램의 참여를 통해 보람을 느낄 수 있어야 하고, 회사의 한 일원으로 참여한 것에 대한 자부심을 느낄 수 있도록 하는 후속 커뮤니케이션 프로그램도 함께 고려해야 할 것이다.

## 3. 기업의 사회적 책임사업 유형

기업의 사회적 책임 사업의 유형은 매우 다양하다. 기업이 판매하고 있는 제품이나 서비스의 종류, 예산, 의사결정권자의 의지 등 기업의 대내외적인 상황에 맞춰 그에 적합한 사업의 유형을 결정하게 된다. 기업의 사회적 책임사업을 전개한다고 해서 반드시 시장에서의 좋은 성과를 얻는 것은 아니다. 기업이 충분히 할 수 있으면서 좋은 효과를 낼 수 있는 사업을 선정할 수 있어야 한다. 사회적 책임 사업의 유형에 대해 설명한 많은 책들 중에서 본 책은 필립 코틀러의 저서인 '착한 기업이 성공한다'에서 언급된 기업의 사회적 책임 사업을 정리한 내용들을 중심으로 소개한다. 필립 코틀러는 마케팅 분야의 최고 권위자로, 앞으로의 마케팅 활동에 필요한 내용들을 예측해 그 필요성과 활용 방법을 설명해주고 있다. 필립 코틀러는 기업의 사회적 책임사업의 필요성과 중요성을 강조하면서 기업이 전개할 수 있는 사회적 책임사업의 유형을 6가지로 구분해 각각의 핵심 사항을 설명해주고 있다.

첫째, 공익 캠페인(cause promotion)이다. 이 방법은 특정 사회 문제에 대한 대중의 인식과 관심을 불러일으키기 위해, 또는 특정 사회문제를 위한 기금 모금, 자원봉사자 모집을 장려하기 위해 기업이 기금, 현물 기능, 기타 기업 자산을 제공하는 방식이다.26) 공익 캠페인은 기업의 입장에서는 경제적으로 막대한 예산이 투입되지 않아도 전개할 수 있는 방법이다. 공익 이슈에 대해 사람들의 관심을 불러일으키고 참여를 독려하기 위한 메시지를 만든다. 예를 들어, 어떤 기업이 세계 기아 문제에 관심을 가지고 있다고 하자. 그 기업이 생산하는 제품의 포장지에서 일부를 할애해 세계 기아 문제에 대한 이슈를 넣고, 이 문제에 대해 좀 더 알고 싶다면 기아문제를 해결하기 위해 활동하고 있는 기관명을 알려주고 연락처나 후원방법 등을 간단히 알려주는 메시지를 넣을 수 있다. 기업은 어차피 생산된 제품을 위해 포장지는 개발되어야 한다. 이 포장지에는 제품 이미지, 제품명, 용량, 성분, 주의사항 등 제품과 관련한 필수적인 내용을 포함시키고 일부를 떼어서 이러한 공익 메시지를 넣을 수 있다.

이러한 공익 캠페인을 전개한다고 해서 즉각적이고 큰 반응을 기대할 수는 없지만, 꾸준히 이러한 공익 이슈에 대해 관심을 가지고 기업의 평소 전개하는 마케팅 활동의 일부에

26) Kotler, P., Lee, N.(2005). 남문희 역(2005). 같은 책, p.58.

공익 메시지를 함께 전달하면 장기적으로는 효과적인 방법이 될 수 있을 것이다.

둘째, 공익연계마케팅(cause-related marketing)은 기업이 특정 상품의 판매율에 비례한 금액을 특정 사회문제 개선을 위해 기부하거나, 혹은 회사의 전체 매출액 중 일정 비율을 기부하는 방식이다. 필립 코틀러의 저서에서 설명되는 공익연계마케팅은 기부금을 제공하는 기업들은 대부분 한시적으로 기간을 정해놓고 특정 상품의 일정 수익을 특정 사회문제 개선을 위해 지원하겠다고 공언한다. NGO와 제휴하는 경우가 많은데 기업은 특정 상품의 판매를 증가시켜서 좋고, NGO는 든든한 재정 마련을 할 수 있기 때문에 양자 모두 이득을 보는 관계가 형성된다.[27)]

공익연계마케팅에서 중요한 점은 제휴를 맺을 파트너를 선택하는데 있어 기업 나름의 기준이 명확해야 한다는 것이다. 기업의 제품 또는 서비스와 연계가 되거나 기업이 중요하게 생각하는 사회 이슈와 연결되어야 한다. 제품을 구매하면 그 수익의 일부가 좋은 일에 환원되기 때문에 소비자 입장에서 제품 또는 서비스와 연관성이 있는 공익 이슈에 좀 더 관심을 가지고 구매행동까지 이어지게 된다. 따라서 공익

---

27) Kotler, P., Lee, N.(2005). 남문희 역(2005). 같은 책, p.58.

연계마케팅을 기획하는 단계에서 제휴와 관련된 구체적인 논의가 있어야 한다.

셋째, 사회지향적 마케팅(societal marketing)은 공공의 보건, 안전, 환경, 또는 복지 개선을 목표로 사람들의 태도와 행동을 변화시키려는 캠페인을 기획하고 실천에 옮기는 것을 말한다. 이 캠페인의 가장 큰 특징은 행동 변화에 초점을 둔다는 점인데, 공익 캠페인이 특정 사회문제에 대한 대중의 관심을 모으고, 기금 모금과 자원봉사자 모집에 초점을 두는 것과는 뚜렷한 차이를 보인다.[28] 사회지향적 마케팅은 정부나 기관들이 대대적으로 해야 하는 캠페인을 기업이 전개하는 것이다. 캠페인을 하는 대부분의 이유는 공익적인 문제에서 사람들의 행동과 태도가 바람직한 방향에서 나타나지 않고 있기 때문이다.

예를 들어, 자동차 안전띠를 매지 않아 교통사고가 발생하면 사람들이 치명상을 입는 문제가 많아지면 이 이슈를 자동차 업계는 자신들과 연관된 이슈라고 판단한다. 이에 맞춰 대대적인 캠페인을 진행하게 된다. 이러한 캠페인을 진행하는 우리의 목적은 사람들이 안전벨트에 대한 인식을 바로 세우고, 주행 중에는 반드시 안전벨트를 매야 한다는 사실에

28) Kotler, P., Lee, N.(2005). 남문희 역(2005). 같은 책, p.59.

대해 확신하고, 이를 반드시 생활에 실천할 수 있도록 하는 것이다. 그러나 현실은 안전벨트를 잘 매지 않는 사람들이 많아서 사회적 이슈가 된 것이다. 즉, 사회지향적 마케팅을 실시해야 하는 상황은 우리가 바라고 있고 바람직하다고 생각되는 사람들의 태도와 행동에서 많이 벗어나 있는 상황이 현실인 것이다.

따라서 지금 이슈와 반대되는 태도와 행동을 가지고 있는 사람들에게 우리가 제시하는 방향대로 변화를 가져달라는 대대적인 캠페인을 진행해야 한다. 다른 유형의 사회적 참여 사업에 비해서 이 업무를 담당할 부서 및 담당자가 정확히 정해져 있고, 많은 예산을 들여 캠페인을 진행한다. 장기간에 걸쳐 많은 예산을 투입해 대대적으로 사람들의 생각과 행동에 변화를 주기 위한 활동이기 때문에 기업의 입장에서는 자신들의 제품이나 서비스와 연관성을 가지고 있으면서도, 사회적으로 시급하게 해결되어야 하는 이슈로 부각되는 것에 관심을 가지고 이러한 사업을 진행하게 된다. 또한 사회지향적 마케팅을 위해서는 이 업무를 담당할 담당자나 담당부서를 명확히 지정해야 한다.

넷째, 사회공헌활동(corporate philanthropy)이다. 이는 쉽게 표현하면 기부이다. 특정 사회문제나 공익사업에 직접 기부를 하는 방식으로 대부분 현금 기부, 물품이나 설비 등의 현물 기능, 기업의 특정 기술이나 노하우를 제공하는 형식을 취한다. 기업의 사회참여 사업 방식 가운데 가장 전통적인 방법으로서 대부분의 기업들이 수십 년간 단지 명목상으로, 혹은 체면치레를 위해 행해온 방식이었다. 그러나 현재는 사회공헌활동과 비즈니스상의 이득과 연결시키는 방법에 대해 고민하고 있다.29)

사회공헌활동은 기업이 가지고 있는 돈이나 제품, 또는 지식 등을 기부하는 것이기 때문에 몇 가지 신경을 써야 하는 부분이 있다. 먼저 돈을 기부하는 경우에는 회사 내부의 구성원들과 투자자들에게 의견을 구해야 한다. 만일 회사 대표의 개인돈을 기부하는 경우에는 상관이 없겠지만, 회사의 수익 중의 일부가 기부가 된다고 했을 때에는 여러 이해관계자들에게 의견을 구해야 한다. 또한 제품이나 물건을 기부하는 경우에는 그 수혜를 받는 사람들의 입장에서 꼭 필요한 것인가를 면밀히 살펴봐야 한다. 또한 제품을 기부하는 경우에는 유통기한이 있을 때 좀 더 여유있게 유통기한이 남아 있는 제품을 기증하는 것이 바람직하다. 이는 배려의 문제이다. 입장을 바꿔서 내가 재난을 당한 상태이고 모든 것을 잃

29) Kotler, P., Lee, N.(2005). 남문희 역(2005). 같은 책, p.59.

은 상태일 때 어느 기업이 제품을 보내주었다. 매우 기쁘고 감사한 일인데, 제품의 상태를 보니 유통기한이 며칠밖에 남지 않은 폐기처분 직전의 제품을 보낸 것이다. 이러한 제품을 받은 당사자의 기분은 어떠할까? 그 기업에게 고마운 마음이 들까, 아니면 괘씸하게 느껴질까? 이 부분을 잘 생각해서 적절하고 안전한 제품을 제공하는 것이 중요하다.

다섯째, 지역사회 자원봉사는 지역사회의 상인들, 가맹업주들, 그리고 기업의 직원들이 지역사회의 사회문제에 참여하고 자원봉사를 하도록 기업 차원에서 지원하고 권장하는 방식이다.30) 이 자원봉사는 그 어떤 활동보다 노력이 기울어져 이루어지는 작업이라고 생각한다. 힘든 상황에 있는 사람들에게 일정 부분의 돈을 지원해주는 것도 매우 의미 있지만, 문제를 해결하기 위해 기업이 목표로 해놓은 그날그날의 생산량에 타격이 있더라도 사원들의 노동력이 투입되는 일은 매우 어려운 결정이라 할 수 있다. 따라서 자원봉사는 봉사에 참여하는 사원들에 대한 인센티브를 제공하거나 불만을 조금 줄일 수 있도록 소통의 자리를 마련하고, 봉사상을 주는 등 봉사에 대한 기쁨과 관심이 높아질 수 있도록 해야 한다.

---

30) Kotler, P., Lee, N.(2005). 남문희 역(2005). 같은 책, p.60.

마지막으로, 기업이 선택할 수 있는 사회적 책임사업 중 하나는 사회책임경영 프랙티스(socially responsible business practice)이다. 이는 환경보호 및 사회복지 개선에 기여하는 경영 및 투자 활동을 말한다. 기업 스스로 구상하여 실천하기도 하고. 타 조직과 연계하여 진행하기도 한다.31) 지금의 소비자는 기업의 경영, 생산, 그리고 마케팅의 결과물인 제품 자체에 대해서만 관심을 가지는 것이 아니라, 그 제품이 어떤 과정에서 생산되고 누가 이 생산에 관여하는지 등에 대해 관심을 가진다. 또한 그 제품을 만드는 기업은 한 사회의 구성원으로서의 역할을 하고 있는지, 기업을 운영하고 제품을 생산 및 유통시키는 과정에서 부당함이나 불공정함은 없는지 등도 매우 중요하게 생각하고 있다.

부도덕한 기업 경영이나 제품 생산 과정에서의 문제점이 있다면 소비자들은 이 제품과 기업에 대해 등을 돌리게 된다. 따라서 기업의 경영이나 제품의 생산, 그리고 유통 등은 사회 구성원들의 시각에서 공정하고 투명해야 한다. 특정 기업의 운영을 위해 누군가가 불이익을 얻거나 불편함을 겪어서는 안 된다. 사회책임경영 프랙티스는 이러한 사회적 책임을 기업이 관심을 가지고 있음을 대내외적으로 공표하는 것

---

31) Kotler, P., Lee, N.(2005). 남문희 역(2005). 같은 책, p.60.

을 말한다. 제품 생산에 있어서 논란이 되는 성분을 사용하지 않는다거나, 특정 대상의 노동력을 착취하지 않는다거나, 기업의 구성원들에 대한 대우에 있어서 불평등의 요소를 제거한다는 등의 내용을 기업 경영에 적용하는 것이다. 이러한 기업 내부의 정책을 수립하고 이에 맞춰 기업을 운영하거나 제품을 생산하게 된다. 사회책임경영 프랙티스는 기업이 스스로 여러 측면에서 윤리적이고 도덕적인 경영과 생산을 하겠다고 결심하는 것이기 때문에 기업에 대한 신뢰도와 제품에 대한 신뢰도를 높일 수 있는 효과적인 방법이라 할 수 있다.

# 5장

# 힙한 소통을 하고 싶다:
# 디지털 PR솔루션

## 1. 디지털시대의 소비환경

과거와 비교해서 우리는 새로운 제품에 대한 정보를 포함해서 다양한 정보를 습득하는 채널이 다양해졌다. 과거에 정보를 습득하는 채널이 4대 매체(TV, 신문, 잡지, 라디오)와 주변 지인과의 대화 등이었다면, 지금은 4대 매체를 포함해서 컴퓨터와 스마트폰 등을 통해 다양한 정보들을 빠르고 정확하게 습득할 수 있다. 다양한 정보채널을 통해서 습득된 정보를 조합하여 나름대로 판단해서 소비자들은 자신의 소비를 결정할 뿐만 아니라 PR의 중요한 이해관계자들이 관련한 의사결정을 내리게 된다. 디지털 시대의 소비자들은 엄청난 양의 정보를 소유하고 있고, 더 나아가 이 정보를 가공하고 본인이 또 다른 사람에게는 정보원으로서의 역할을 수행하게 된다. 이는 정보에 대한 주도권이 조직에서 개인으로 이동했다는 것을 의미한다. 과거에 TV, 신문, 잡지, 라디오 등과 같은 대중 언론이 정보를 독점적으로 소유하고, 가공하고 생산을 했었다. 소비자들은 단순히 TV, 신문, 라디오 등이 만들어내는 정보를 받아들이는 것 이외에 달리 방법이 없었던 것이다. 대부분의 정보가 TV, 신문, 라디오에서 만들어져 일반인들에게 자연스럽게 전달된 것이다.

이렇게 마케팅과 PR은 디지털 미디어의 등장과 확장으로 크게 변화되고 있다. 먼저 인터넷을 살펴보면, 인터넷은 마케팅의 의사결정과 집행에 많은 역할을 수행하고 있는데, 특히, PR커뮤니케이션 활동에 전술로 많이 언급되고 있는 항목이다.

변화하는 환경소비 환경에서 새로운 소비자들이 출현하고 있다. 이러한 소비자들은 새로운 정보의 생산자이자, 유통자이며, 소비자이다. 1인 미디어 시대라고 이야기하는 지금의 미디어 환경은 과거의 기준에서 벗어나 새롭게 해석이 되어야 한다. 마케팅에도 새로운 변화가 생기는데, 과거의 마케팅보다 훨씬 빨라야 하고, 소비자 지향적이어야 하며, 직접 행동 유발을 할 수 있어야 한다.32)

여러 조사기관이 발표하는 시장 트렌드 보고서에는 큰 공통점이 있다. 2010년에 들면서 촉발된 디지털 마케팅 기술의 발전이 시장에 끼치는 충격이 해를 거듭할수록 매우 커질 수밖에 없다는 것이다. 향후 10년간 100배가량 기하급수적 성장을 이루리라는 내용이다. 디지털 시대의 산업 간 경계는 모호해지고 소비자 의식은 뿌리째 달라지고 있다. 이는 거스

32) 신병철(2006). 인터랙티브 마케팅. 서울: 살림Biz, p.9.

를 수 없는 디지털 미디어로 인한 변화라고 할 수 있다.[33] 이렇게 빠르게 진화하고 있는 디지털 미디어를 이해하고 우리 조직의 PR활동의 중요한 채널로서 이들 미디어를 활용하는 능력은 그 어느 때보다 중요한 것으로 여겨지고 있다.

33) 김진, 최정아(2018). 디지털마케팅개론, 마소캠퍼스, p.41.

## 2. 홈페이지

힙한 소통을 하고 싶은데 홈페이지를 먼저 이야기하는 것에 의아한 독자들도 있을 수 있다. 무엇보다 유튜브나 페이스북과 같은 채널을 먼저 이야기하는 것이 좋지 않을까라는 의견을 가질 수 있다. 그러나 힙한 소통의 시작은 홈페이지라고 할 수 있다. 홈페이지는 모든 디지털 PR 수단의 중심에 놓여 있어야 한다. 이 홈페이지는 조직에 대한 정보를 제공하는 공식적인 채널이면서도, 이 홈페이지를 통해 다른 소셜미디어 채널로 옮겨갈 수 있도록 구성되는 것이 보편적이다. 홈페이지는 모든 이해관계자들에게 필요한 정보를 아우를 수 있는 조직에 관한 정보가 모아지는 곳이기도 하다. 이해관계자의 유형에 상관없이 조직에 관한 총체적인 정보를 제공하기 때문에 그 내용이 포괄적이고 방대하다.

대부분의 기업과 조직은 자신만의 홈페이지를 가지고 있다. 홈페이지는 언론의 개입 없이 특정 조직과 이해관계자들 간의 적극적이고, 직접적이며, 상호작용적인 커뮤니케이션을 할 수 있는 일종의 소통 채널이라 할 수 있다. 기업이나 브랜드에 대한 정보를 습득할 때 보편적으로 많이 접하는 채널인 조직의 홈페이지이다. 이 홈페이지에는 기업의 연혁, 대표의 약력, 제품의 리스트 및 구체적인 설명, PR영상, 언론인을 위한 미디어 룸, 투자자를 위한 자료집, 사원들을 위한 별도의 인트라넷, 기업 뉴스, 고객 게시판, 홈페이지 운영 방침 등을 포함시킨다.

이러한 정보들을 통해서 조직에 대한 기본적인 정보를 습득할 수 있고, 궁금한 점도 함께 해소할 수 있다. 따라서 홈페이지를 만들 때에 기본적으로 조직 및 제품 또는 서비스에 대한 구체적인 정보를 그 안에서 모두 탐색할 수 있게 해야 한다. 홈페이지를 방문하는 사람들은 특정한 목적이 있어 조직의 홈페이지에 방문을 하게 된다. 방문자의 관심을 파악하고 이들이 필요로 하는 구체적인 정보가 홈페이지 내에 존재하지 않는다면 조직의 신뢰성에 문제가 생길 수 있고 재방문율은 낮아지게 된다. 따라서 홈페이지는 조직을 가장 구체적으로 그리고 방대하게 PR하는 공간임을 염두에 두어야 한다. 홈페이지에 구성되는 메뉴는 전적으로 조직의 이해관계자들이 알고 싶어 하는 정보들을 구체적이고 친절하게 담아내야 한다.

예를 들어, 투자자들이 조직에 대해 알고 싶은 정보는 조직에 대한 소개, 조직의 실적, 조직의 향후 사업 등에 대한 정보들이 궁금할 것이다. 이러한 정보들을 담아 '투자' 또는 'IR'이라는 타이틀의 메뉴로 제공하는 것이 바람직하다. 또한 언론을 위한 미디어룸을 구성해야 하는데, 이는 조직에 대해 취재를 하고 기사를 작성하는 언론인들을 위해 조직에 대한 가장 기본적인 정보와 뉴스 등을 담아내야 한다. 소비자들은 조직이 제공하는 제품과 서비스에 대한 정보가 궁금할 것이고, 일반 국민들은 정부기관과 관련한 정책 등에 대한 정보가 궁금할 것이다. 이와 관련한 구체적인 정보가 홈페이지 메뉴에 제공되어야 하고, 이들이 언제든지 궁금한 내용들을 문의하고 신속하게 답을 해줄 공간이 반드시 마련되어야 한다. 홈페이지가 PR의 중요한 수단인만큼 조직을 소개하는 다양한 영상들을 만들어 홈페이지에 탑재해야 한다. 이러한 메뉴들이 얼마나 구체적으로 제공되느냐에 따라 홈페이지 이용자들의 만족도가 달라지고 재방문율이 달라지게 될 것이다.

다양한 방문자들을 고려해서 홈페이지의 메뉴 구성은 단순하고 내용은 쉽게 작성되어야 한다. 또한 홈페이지 내에서의 이동이 편안해야 한다. 또한 재방문율을 높이기 위해서는 지속적인 내용의 업데이트는 매우 중요하다고 할 수 있다. 홈페이지의 콘텐츠는 역동적으로 움직여야 한다. 새로운 뉴스, 제품 또는 서비스 정보, 고객 대상 이벤트 등을 홈페이지에 업데이트하여 방문자들의 관심이 꾸준히 이어질 수 있도록 하는 것이 핵심이다.

홈페이지를 운영할 때 조심해야 하는 부분은 홈페이지를 마치 조직의 장식용 정도로 생각해서는 안 된다는 점이다. 5장 이내의 단순하고 부족한 내용으로 홈페이지를 만드는 것은 아무 의미가 없다. 필요한 정보들이 많이 제공되어 있어야 하고, 또한 소비자들이나 홈페이지 방문자들과 소통할 수 있는 기능도 함께 제공되어야 한다.

홈페이지 내에서 조직의 또 다른 소셜미디어와의 연동이 가능하도록 메뉴가 구성되어 있도록 하는 것도 중요하다. 홈페이지가 기본 정보에 충실하다면, 소셜미디어는 다양한 이해관계자들과 상호작용이 수월한 장점을 가지고 있기 때문에 이들을 연동함으로써 미디어간의 상호보완을 유도할 수 있다.

또한 홈페이지는 홈페이지명과 설명이 가장 중요하다. 노출하고 싶은 나의 핵심 키워드를 가장 앞쪽에 작성하는 것이 좋고, 홈페이지 설명에도 반복해서 적어놓으면 더 확실한 상위노출 효과를 낼 수 있다.[34]

---

34) 안희곤(2018). 4차산업혁명시대 온라인 생존마케팅, 서울: 리텍콘텐츠, p.41.

홈페이지의 내용을 기획하고 콘텐츠를 탑재하는 것만큼 홈페이지의 성과를 분석하고, 개선사항을 고민하는 것도 중요하다. 홈페이지 내에서의 방문자 행동, 이탈률, 구매전환율 등을 파악하고, 이 데이터를 기반으로 홈페이지의 개선사항을 도출해야 한다.

마지막으로, 홈페이지 운영과정에서 보안과 개인정보 보호에 신경을 써야 한다. 개인정보 처리에 대한 정책이 마련되고 명시되어야 하고, 안전한 웹사이트 이용에 대한 보장이 이루어져야 한다.

## 3. 소셜미디어

소셜미디어는 그 단어가 의미하는 것처럼 기본적으로 사람과 사람을 이어주는 미디어 채널이다. 때문에 소셜미디어에 참여한다는 것은 TV, 신문, 잡지, 라디오와 같은 전통적인 4대매체의 역할을 하는 미디어를 개인마다 갖게 된다는 의미이다. 개인이든 기업이든 원하기만 하면 누구든지 자신만의 미디어를 가질 수 있고, 그 미디어를 통해 자신의 생각, 주장, 관점, 아이디어 등을 직접적으로 표현할 수 있다. 자신이 직접 통제가능한 미디어를 소유하고 그 미디어를 통해서 자신만의 콘텐츠를 제공할 수 있다는 것은 소셜미디어의 이용률을 높이는 요인이 되고 있다.35)

소셜미디어는 다양한 사람들(이용자)이 온라인상에 보여 자신의 관심 분야나 이슈에 대해 이야기하고, 정보를 전달하고, 의견을 공유하는 것으로, 새로운 형태의 커뮤니케이션 미디어라고 할 수 있다. 사람들은 소셜미디어 속의 정보와 의견을 살펴보고, 이를 공유하는 행위를 끊임없이 하고 있다.36)

---

35) 배운철(2012). 소셜미디어 마케팅으로 승부하라. 정보문화사, p.26.

이용자들에게 소셜미디어는 단어 그대로 사회 속에서 개인과 조직의 상호작용을 가능하게 하는 미디어라 할 수 있다. 이러한 소셜미디어를 설명하는 여러 속성 중에서 이용자들의 자발성은 매우 중요한 속성이라 할 수 있다. 이용자들은 소셜미디어의 활용을 자발적으로 하는데, 자신의 의견이나 정보를 다른 사람들과 기꺼이 공유하고자 한다. 또한 소셜미디어 상에서 공유되는 정보의 형태는 다양한데, 텍스트, 오디오, 비디오 등 정보를 공유할 수 있는 최적의 방법을 모두 동원할 수 있다.

소셜미디어는 개인이 가지고 있는 개성을 드러낼 수 있는 미디어이다. 자신의 관심사를 자신의 스타일에 맞게 구성하고 이를 사람들과 공유하는 것이 특징이다.

또한 소셜미디어는 일상생활에서의 즐거움을 누리는 오락성과 필요한 정보를 선택적으로 취하는 선별성을 모두 갖추고 있다. 업데이트가 용이하고 언제 어디서든 모바일기기에서도 활용가능하기 때문에 이동성과 시간 효율성을 가지고 있다. 또한 필요한 정보에 대한 검색이 쉽고, 다양한 정보에 접근이 가능하다는 것도 소셜미디어가 가지고 있는 장점이

---

36) Safko, L. & Brake D.(2011). Social Media Bible, 배선종, 김태호 역(2011). 소셜미디어 바이블: 성공적인 비즈니스를 위한 기술, 도구, 전략. 서울: 연암사.

라 할 수 있다.

인터넷 발달 단계 중 웹 2.0의 특성인 참여와 공개, 공유의 기술적 속성이 적용되면서 정보가 급속도로 퍼져나갈 수 있게 하고 비로소 소셜 네트워크를 구성할 수 있도록 하는 것이 소셜미디어라 할 수 있다.37) 소셜미디어가 활용되는 모든 중심에는 사람이 있다. 정보를 담고 있는 콘텐츠를 어떻게 찾아낼 것인가에서 나에게 도움이 되는 정보를 제공하는 사람을 어떻게 찾아내고 그 사람과 어떤 관계를 맺을 것인가가 더 중요해졌다. 소셜미디어 세상에서는 각 개인이 만들어내는 콘텐츠가 모여서 집단 지성의 결과물로 이어지는 것이다.38)

소셜미디어는 개인에게 있어서는 사람들과 소통하고 정보를 공유하는 개인적인 채널이기도 하지만, 기업이나 기관에게 있어서 소셜미디어는 커뮤니케이션 전문가들에게 새로운 형태의 테크놀로지를 적용하게 만들고 공중들과 상호작용할 수 있는 기회를 제공하고 있다. 즉, 소셜미디어의 등장으로 인해 커뮤니케이션 기획 및 집행에 있어 변화가 생긴 것이다.39) 이러한 소셜미디어가 조직과 공중 사이의 소통 수단

---

37) 이종혁(2012). 소셜미디어 PR. 서울: 커뮤니케이션북스, p.34.

38) 배운철(2012). 같은 책, pp.31-32.

39) Curtis, L,, Edwards, C., Fraser, K. L., Gudelsky, S., Holmquist, J., Thornton,

으로 중요하게 인식되고 활용된 이유는 소셜미디어 가지고 있는 바이럴 임팩트 때문이라 할 수 있다.40) 다양한 사람들의 참여를 통해서 새로운 관계가 만들어지고, 그 속에서 우리가 전달하고자 하는 핵심적인 메시지를 이들에게 보여줄 수 있다. 이슈가 될 만한 주제나 브랜드에 대해 소셜미디어에서 알리고 이에 대한 사람들의 관심을 증대시키고 온라인 상에서의 입소문 효과를 기대할 수 있다.

입소문은 말 그대로 입에서 입으로 전해지는 소문이다. 입소문에 대한 신뢰성은 다른 채널에 비해 높은 특성이 있다. 나와 친분이 있거나 나와 연결되어 있는 사람이 하는 생생한 이야기이기 때문이다. 일반적인 광고와 다르게 일방적인 자사의 우월한 점을 부각시키는 커뮤니케이션이 아니라 내가 친근감을 느끼고 믿고 있는 사람이 자신의 브랜드나 제품에 대한 경험을 솔직하게 표현하고 있다고 믿기 때문이다.

소셜미디어는 이러한 입소문의 촉발제 역할을 수행한다. 누군가에게 입소문이 시작되지 않으면 입소문은 나지 않는다. 소셜미디어는 특정 브랜드나 기업, 또는 기관에 대한 입

K.(2010). Adoption of social media for public relations by nonprofit organizations, Public Relations Review, Vol.36, pp.90-92.

40) Thackeray, R., Neiger, B., Hanson, C., & McKenzie, J.(2008). Enhancing promotional strategies within social marketing programs: Use of web 2.0 social media, Health Promotion Practice, Vol.9, pp.338-343.

소문이 시작되고 확산되는 중요한 채널이다. 영향력이 있는 소셜미디어에서 특정 이슈에 대한 언급이나 평가가 있다면 그 확산속도나 범위는 우리가 일상생활에서 입소문 효과가 나타나는 것과 비교해 더욱 빠르고 광범위하다고 할 수 있다.41)

또한 소셜미디어 활용을 통해서 기업이나 조직에 대한 인지도와 친근감을 높일 수 있는 것뿐만 아니라 사람들이 우리 조직에 대해 갖는 생각이나 반응을 체크할 수 있다는 장점이 있다. 예를 들어, 어떤 정부기관이 정책 하나를 새롭게 만들었다고 가정해보자. 이에 관한 정보를 소셜미디어에 올리고 사람들의 반응을 세세하게 살펴볼 수 있다. 정책에 대한 긍정적인 반응과 부정적인 반응의 비율을 살펴볼 수 있고, 이 정책에 대해 궁금해 하는 부분이 무엇인지를 간파해 향후 정책 PR과 관련한 추가 설명이 이루어질 수 있다.

소셜미디어 채널 운영에 있어 중요한 것은 OCMP(One Content Multi Platform) 전략이 중요하다. OCMP 전략은 하나의 콘텐츠를 여러 플랫폼에서 다양한 형태로 변환해 활용하는 전략이다. 이 전략은 조직에 대한 중요한 정보를 더 많은 사용자에게 확산시키고 조직 및 제품에 대한 가시성을

41) 신병철(2006). 같은 책, pp.150-162.

높이는 것을 목표로 한다. 따라서 하나의 콘텐츠를 만들고 채널의 성격에 맞춰 재가공하는 작업이 필수적이다. 예를 들어, 조직에 대한 보도자료 배포 후 기사화된 자료에 대해 이를 유튜브 영상으로 탑재하거나, 인스타그램이나 페이스북에 올리는 작업이 필요하다. PR 메시지를 기획하거나 만드는 과정에서 어떠한 플랫폼까지 확장시켜 메시지를 확산시킬 수 있는가를 고려해야 한다.

또한 소셜미디어 운영에 있어서 정직함은 중요하다. 좋은 제품이나 선한 기관이 많은 사람들에게 좋은 평가를 받을 수 있고 선택을 받을 수 있다. 소셜미디어가 가지는 입소문 효과는 매우 크다. 소셜미디어의 이용자들은 특정 브랜드나 기관에 대한 평가 및 선택을 할 때 다른 이용자들의 평가를 자주 살펴본다. 이들은 기업이나 기관만큼의 전문적 지식과 경험을 가질 수 있다. 따라서 진실되지 않은 메시지에 대해서는 절대로 관심을 가지지 않는다. 여기에 더해 독특한 콘텐츠의 기획과 실행도 중요하다. 예를 들어, 제품에 대한 소개를 하는 소셜미디어 콘텐츠를 개발할 때에 제품에 대한 독특한 스토리를 만들고, 사람들의 주의를 끌 수 있는 메시지 구성이 이루어져야 선택될 것이다.[42]

42) 신병철(2006). 같은 책, p.78.

이러한 다양한 소셜미디어 유형 중에는 블로그, 트위터, 페이스북 등이 대표적이라 할 수 있다. 많은 사람들이 이용하고 있는만큼 PR 채널로서의 영향력도 매우 커져 있는 상태이다.

## 4. 블로그

블로그는 웹상에 자신의 생각, 일기 등을 자유롭게 올리는 인터넷 개인 미디어나 사이트를 말한다. 마치 개인의 일기처럼 자유롭게 자신이 관심이 있어 하는 콘텐츠를 자유롭게 올리는 것으로, 블로그는 게시하는 콘텐츠의 유형이나 분량 등 표현에 제약이 없으며 블로그 기획과 제작과 관련된 특별한 지식이 없어도 누구나 쉽게 운영할 수 있다.43) 즉, 블로그는 누구든 의지만 있으면 얼마든지 콘텐츠를 만들어 포스팅을 할 수 있는 미디어이다. 패션, 화장품, 영화, 음악, 첨단 IT 제품 등 다양한 콘텐츠로 블로그를 만든다.

블로그는 사람들이 자신만의 독립된 공간에서 자기의 관심사를 표현하고 자기의 목소리를 내고 싶어 하는 욕구를 충족시켜주기에 적절한 통로로, 많은 사람들이 블로그를 개설하고 운영하고 있다. 블로그를 통한 커뮤니케이션이 가지는 효과는 여러 면에서 검증되고 있다. 가장 큰 장점은 매우 친밀하고 개인적인 일대일 방식의 접근이 가능하다는 점이다. 또한 블로그 커뮤니케이션은 타겟팅에 유용하다. 블로거

---

43) 김태욱, 이영균(2012). 제대로 통하는 소셜 마케팅 7가지 법칙. 서울: 다우, pp.26-27.

들은 경제, 정치, 금융, 환경, 생활, 엔터테인먼트 등 특정한 카테고리별로 스스로 움직이기 때문에 조직의 입장에서는 고려하고 있는 타겟을 손쉽게 분별해낼 수 있다. 기업의 입장에서는 소비자들의 반응을 즉각적으로 확인할 수 있다는 점에서의 합리성도 가지고 있다. 블로그에는 특정 이슈에 대한 논쟁이 있다. 이 제품이 좋은지, 나쁜지 혹은 어떤 점에서 활용성이 높은지, 무엇이 개선되어야 하는지 등에 대한 소비자들 사이의 자발적 토론이 있다. 때문에 블로그는 소비자들의 브랜드 선택에 영향을 미쳐 구매력으로 연결된다. 이러한 점이 블로그가 효과적인 PR솔루션으로 고려될 수 있는 이유이다.44)

블로그의 유형은 다양하다. 그 대표적인 형태가 스토리 블로그이다. 블로그의 기본 개념인 웹상에서 쓰는 일기(일지)라고 한다면 스토리 블로그는 가장 대표적이면서도 기본적인 형태이다. 자신의 일상의 이야기를 담아내는 것으로, 가장 많은 블로그가 이 형태를 활용하고 있다. 두 번째로 갤러리 블로그를 들 수 있는데, 사진이나 일러스트, 그리고 요즘 유행하는 웹툰 등의 시각적 결과물을 탑재하는 것을 말한다. 리뷰 블로그는 블로거가 특정 제품을 구매하고 사용하고 나

44) 이연수(2008). 트렌드 in 마케팅, 서울: 새빛, pp.94-96.

서 그 제품의 장점과 단점, 특성 등을 블로그의 방문자에게 제공하는 내용이 핵심인 형태를 의미한다. 이러한 리뷰 블로그는 일반 소비자들의 브랜드 선택과 구매에 많은 영향을 미치게 된다. 따라서 기업의 입장에서는 이러한 리뷰 블로그에 자사의 제품이나 서비스가 어떻게 언급되고 있는가를 지속적으로 모니터링을 해야 한다.

블로그 운영에서 가장 중요한 것은 시즈널 키워드(seasonal keyword) 전략을 무엇으로 하느냐이다. 키워드를 선택할 때 가장 먼저 고려해야 하는 부분이 바로 시즈널 키워드이다.45) 특정 시기에 사람들이 많이 검색하고 관심을 갖고 있는 키워드가 무엇인지를 정확히 파악해야 한다. 예를 들어, 5월에 사람들이 관심을 가지고 많이 검색하는 단어는 어린이날, 어린이날 선물, 어버이날 맛집, 어버이날 선물 등일 것이다. 이렇게 맞춰 내 블로그의 콘텐츠에 이러한 키워드 관련 내용들을 포함시키는 것이다.

또한 블로그 활용에 있어서 가장 중요한 점은 검색엔진에서 특정 키워드로 검색을 했을 때 우리가 포스팅한 블로그가 첫 페이지에 노출될 수 있느냐는 것이다. 이렇게 블로그 콘텐츠가 검색엔진에 제대로 노출될 수 있게 하는 작업은

---

45) 배운철(2012). 같은 책, pp.122-124.

검색엔진최적화(SO)라고 한다. 블로그 콘텐츠를 아무리 열심히 잘 만든다 하더라도 노출이 되지 않는다면 우리가 원하는 효과를 기대하기는 어렵다.46) 따라서 검색엔진최적화를 위한 기획과 논의가 기획 및 기관에서는 반드시 필요한 업무 내용이라고 할 수 있다.

또한 많은 사람들이 블로그를 방문할 수 있도록 다양한 주제들을 블로그 안의 메뉴로 포함시키는 것이 중요하다. 우리가 사람들에게 알리고 싶은 주제만을 메뉴로 구성하는 경우에는 방문자들 입장에서는 선택의 폭이 좁아지기 때문에 다시 재방문의 의지가 없어질 수 있다. 따라서 지속적으로 방문할 수 있도록 다양한 우리 생활 주변에서 관심을 가질 만한 편안한 주제들도 함께 포스팅을 하는 것이 블로그의 방문자를 늘리는 한 가지 방법일 수 있다.

블로그를 PR솔루션으로 활용할 수 있는 방법으로는 지금까지 언급한 기업이나 기관이 자체 블로그를 개설하고 지속적으로 포스팅하는 방법과 함께 이른바 파워 블로거를 이용하는 방법도 있다. 디지털 환경 특징 중의 하나는 개인 한명 한명이 정보 생성을 하고 정보를 유통시키는 역할을 수행한다는 것이다. 개인이 개설해 운영하는 블로그는 매우 많다.

46) 배운철(2012). 같은 책, pp.124-126.

포털사이트에서 개인 블로그를 만들 수 있고, 블로그 전문 사이트까지 큰 흐름을 형성하고 있다. 모든 블로그가 왕성한 활동을 하는 것은 아니지만 이 중에 활동성이 높은 블로그를 쉽게 찾아볼 수 있다. 블로그를 활용한 PR에서 이들 활동성이 높은 블로거들이 중요하다. 이들 블로그에는 1일 평균 1,000명 이상의 고정 방문자가 있기 때문이다. 이들 블로그는 1일 평균 최소 1,000명씩에게 특정한 이슈의 내용을 전달하고 있다. 이들 블로그 운영자들은 그 자체로 하나의 미디어 역할을 수행하고 있는 것이다. 이러한 블로거들 중에는 자신의 사생활을 공개하고 즐기기 위해 블로그를 운영하는 사람도 있고, 자신의 관심 분야를 연구하고 분석하고 평가하는 내용의 다양한 정보를 올려놓는 전문 블로거들이 있다. 특히 전문 블로거들의 활동은 1인 미디어 역할을 수행하기에 충분하다. 이들은 광고에서는 담아내지 못하는 구체적인 콘텐츠를 담아내고 전달할 수 있고, 다른 제품과 냉철하게 비교도 하며, 블로그 방문자들에게 색다른 시각의 정보를 제공하기도 한다. 따라서 이들을 활용한 PR솔루션도 효과적일 수 있다.[47)]

47) 신병철(2006). 같은 책, pp.82-84.

## 5. 트위터

블로그는 깊이있는 내용을 콘텐츠로 구성해 많은 사람들의 방문율을 높이는 것을 전략으로 한다면, 트위터는 간결미를 특성으로 사람들과 소통을 하는 미디어라 할 수 있다. 일반적인 트위터는 140자 이하의 단문을 이용자들끼리 주고받는 서비스라 할 수 있다.

트위터는 실시간 전파력이 강한 매체의 특성을 가지고 있다. 즉, 트위터는 일상의 정보를 제공하는 데 매우 효과적이고, 관련 정보의 전파 속도가 빠르다는 장점이 있다.48) 다른 소셜미디어들이 상대적으로 내용이 많고, 다양한 방대한 콘텐츠를 공유한다면 트위터는 일상의 단순한 형태의 메시지를 전달하는 특징이 있다.49) 따라서 급하게 사람들에게 핵심적인 메시지만을 먼저 속도감 있게 전달하고자 한다면 트위터의 사용은 매우 유용하다고 할 수 있다.

트위터가 가지고 있는 마케팅 차원에서의 특성은 관계성이다. 일반 기업이나 기관이 소비자나 일반 국민들과 소통하

---

48) 김태욱, 이영균(2012). 같은 책, pp.49-51.
49) 배운철(2012). 같은 책, pp.127-130.

기 위해서는 전통미디어를 사용하기는 하여도 일대일 커뮤니케이션은 현실적으로 불가능했다. 전통미디어 내에서 독자들의 의견을 청취하기 위해서 별도로 독자투고나 시청자 코너를 운영하는 것으로 소통이 이루어졌지만, 다수의 독자가 한날 한 장소에서, 즉 동시에 일대일로 커뮤니케이션하는 것은 불가능했다. 그러나 트위터는 서비스 자체가 일대일의 관계를 맺고 유지하는 관계성 구조의 특성을 가지고 있다. 자신이 관심있는 사람에 대해서 트위터상에서 팔로윙할 수 있고, 반대로 다른 누군가도 마찬가지로 나를 팔로윙할 수 있는 것이다. 이렇게 서로 팔로윙하는 맞팔이라는 관계가 형성되는 것이다. 팔로윙하는 사람의 트위터에 답장을 보내기도 하고, 쪽지로 필요한 소통을 비공개로 진행할 수 있다. 기업들은 고객과 개별적으로 대화를 할 수 있고, 고객 또한 기업에 실시간으로 자신의 의견을 올릴 수 있다.[50]

트위터는 리더와 팔로워로 구성된다는 점에서 의견 선도자와 추종자의 관계를 형성하기 용이한 특성을 가지고 있다. 트위터에서는 의견선도자들이 제공하는 정보를 구독하고 그것이 가치있는 정보라 판단되면 이를 리트윗하여 다른 사람에게까지 전파하는 팔로워들의 적극적인 행동이 나타난다.[51]

---

50) 배운철(2012). 같은 책, pp.66-68.

배운철은 트위터 활용의 방법을 설명하고 있다. 그에 따르면, 조직은 트위터 팔로워 계정을 구분해 리스트 관리를 할 수 있다. 예를 들어, 기업 트위터 계정은 고객과의 관계성을 기준으로 팬, 긍정고객, 중립고객, 부정고객 등으로 팔로워 계정을 구분해 리스트로 관리할 수 있다. 또한 다른 사람들이 우리 조직을 어떻게 인식하고 있는가를 트위터 프로필에서 확인할 수 있다. 프로필 메뉴에서 자신의 팔로워 숫자와 비교해서 '리스트됨' 숫자가 얼마나 되는지도 확인할 수 있다. 리스트됨 숫자는 팔로워가 우리를 특정한 리스트에 포함시켜서 관리한다는 의미로 단순 팔로워보다 그 의미가 중요하다고 할 수 있다.[52]

특히 조직이 과거부터 지금까지 트위터를 운영하고 있다면 지금의 팔로워가 이탈하지 않는 방안을 중심으로 유지될 필요가 있다. 새로운 소셜미디어가 등장하면서 트위터에 대한 집중적인 관심이 많이 분산되었다. 따라서 트위터상에서 조직의 팔로워를 증가시킨다는 목표보다는 기존에 있는 팔로워가 감소하지 않도록 팔로워에 대한 유지관리 전략이 더욱 효과적일 수 있다.

51) 이종혁(2012). 같은 책, pp.216-219.
52) 배운철(2012). 같은 책, pp.68-69.

새로운 미디어를 추가한다고 트위터에 콘텐츠 업데이트를 소홀히 해서는 안 된다. 일상생활에 필요한 다양한 정보들이 트위터상에서 제공되어야 할 것이다. 특히, 정부기관 등의 트위터에서는 국민생활에 필요한 기본적인 생활정보들이 배치되어야 할 것이다.

## 6. 페이스북

페이스북은 조직에게 있어서 좀 더 친화적이고 마케팅 활동을 전개하는 데 좀 더 적합하게 개발되어 있는 소통툴로 고려된다. 페이스북은 트위터와 비교해서 정보제공 측면에서 좀 더 상세하고 깊이가 있다.[53] 블로그가 풍성한 정보를 제공할 수 있다는 장점이 있고, 트위터는 신속한 정보를 폭넓게 구축된 관계에 있는 사람들에게 제공할 수 있다는 장점이 있다. 이러한 장점을 모두 갖춘 것이 페이스북이라 할 수 있다. 페이스북에 한번 포스팅을 할 때 60,000자 이상을 사용할 수 있기 때문에 블로그 분야의 글을 작성할 수 있고, 페이스북 내에서 문서나 노트를 작성할 수도 있다. 친구요청을 통해 다양한 사람들과 관계를 맺을 수 있고 콘텐츠에 대한 반응이라 할 수 있는 '좋아요'를 통해 팬이 될 수 있는 관계구축형 서비스라 할 수 있다. 페이스북이 가지고 있는 가장 큰 장점은 뉴스피드이다. 내가 작성할 글을 내 타임라인에 올라가면서 내 친구들의 뉴스피드에도 노출이 된다. 나와 관계를 맺고 있는 사람들이 올린 새로운 내용의 글도 내 뉴스피드에서 확인

53) 김태욱, 이영균(2012). 같은 책, pp.51-54.

할 수 있다. 이러한 친구들의 소식을 내 뉴스피드에서 확인할 수 있는 기능이 페이스북의 이용자를 증가시킨 요인 중의 하나라고 배운철(2012)은 설명하고 있다.[54]

페이스북은 콘텐츠가 자동으로 무제한 노출 확산되는 PR 채널이라고 안희곤(2018)은 설명하고 있다. 그에 따르면, 페이스북은 내가 포스팅한 콘텐츠에 대해 친구들이 좋아요/댓글/공유 등의 반응을 보이면, 그 반응을 보인 사람들은 다시 자신과 연결되어 있는 다른 사람들에게 무제한적으로 노출 확산되는 시스템이다. 나와 직접적으로 연결되어 있지 않아도 지속적으로 콘텐츠가 다른 사람에게 확산될 수 있는 것이다. 페이스북이 실명 기반의 서비스이지만, 그 관계에 있어서는 매우 개방적이고 사용자들끼리 쉽게 연결될 수 있는 특성이 있다.[55]

매체의 성격상 페이스북은 블로그, 유튜브, 트위터들과 유기적으로 연결될 수 있는 매체이다. 블로그의 장황한 메시지가 페이스북에서 좀 더 간단하게 표현될 수 있고, 유튜브의 영상이 페이스북의 텍스트와 결합되어 간단 영상으로 정리될 수 있으며, 트위터의 간략한 문장이 페이스북에서는 장황

54) 배운철(2012). 같은 책, pp.142-143.
55) 안희곤(2018). 같은 책, pp.114-115.

한 텍스트로 확장될 수 있다. 그 기본에 더해 페이스북만이 가지는 네트워크력이 페이스북을 홍보 매체로 활용하는 매력점이 될 수 있다.

김진과 최정아(2018)의 책에서 설명한 내용을 살펴보면, 페이스북에서 국내 기업 페이지의 팬 수는 150만 명 정도이면 대형 페이지라 할 수 있다. 이는 페이스북 유저 10명 중 9명에 대해서는 마케팅이나 PR과 관련된 메시지를 유기적으로 도달시키기 힘들다는 의미이기도 하다고 설명하고 있다. 페이스북의 타겟팅 자동화 시스템은 유사 타겟을 지원한다. 기업이 이미 알고 있는 10% 가량의 유저 중에서 제품을 구매한 고객의 명단을 추려 페이스북에 제공하면 전체 유저 중 기업이 제시한 명단의 고객과 가장 비슷한 성향을 가진 10% 정도의 유사 타겟을 찾아낸다. 페이스북이 제공하는 유사 타겟 기능을 이용하면 조직은 유사성 분석의 전체 과정을 페이스북이 담당하기 때문에 조직은 타겟의 명단을 직접 확보해야 하는 번거로움을 덜 수 있다는 점을 저자는 강조하고 있다.56)

페이스북에 포스팅하는 콘텐츠는 조직의 PR을 위한 콘텐츠이기 때문에 페이스북의 자동노출 확산 시스템이 가진 이점

56) 김진, 최정아(2018). 같은 책, pp.142-143.

을 최대한 활용할 수 있어야 한다고 안희곤(2018)은 설명하고 있다. 저자는 이를 위해서는 무엇보다 사람들의 관심을 끌 수 있는 양질의 콘텐츠를 만드는 것이 중요하다는 점을 설명하고 있다. 이미지 한 컷이나 문구 하나에 효과의 차이가 있기 때문에 같은 핵심 메시지라도 어떠한 표현방법을 활용할 것인가에 대한 고민이 있어야 한다.[57] 페이스북의 구성은 프로필, 페이지, 그리고 그룹으로 분리해 고려할 수 있다. PR 차원에서 조직은 페이지를 최대한 잘 활용해야 한다. 조직은 페이스북의 페이지를 통해 기존에 홈페이지가 가지는 신뢰성을 확보하면서 페이스북의 다양한 커뮤니케이션 기능으로 팬들과 일대일 관계를 형성할 수 있다. 또한 이전에는 페이스북의 노트나 문서 기능이 블로그 기능을 대신했지만, 현재는 한번의 포스팅으로 블로그가 담는 정보량을 충분히 다룰 수 있게 되었다. 페이스북을 이용하는 사람들의 수는 많고 페이스북을 이용하는 시간도 적지 않다. 기업은 제품이나 서비스에 관한 정보를, 정부기관은 정책에 대한 정보 등을 실시간으로 전달할 수 있고 이해관계자들과의 관계 구축에 장점이 있는 페이스북을 적극적으로 활용해야 한다.[58]

57) 안희곤(2018). 같은 책, pp.138-139.

58) 배운철(2012). 같은 책, pp.71-72.

# 6장

# 직원의 자부심을 높이고 싶다: 사원관계 솔루션

## 1. 사원관계의 개념

사원관계(employee relations)는 종업원 관계, 직원 관계, 내부 조직원 관계 등으로도 불리는데, 조직이 내부 공중이 자사의 직원들과 쌍방향 커뮤니케이션을 통해 상호 우호적인 관계를 형성하기 위한 사내 커뮤니케이션 활동이다. 직원관계에서의 타겟 공중은 단지 정규 직원만이 아니라, 일례로 기업은 자사 직원 외에 파견 노동자를 포함한 비정규직, 임원, 그 외 다양한 구성원들, 은퇴자, 그리고 그들의 가족들과도 호의적인 관계를 맺는 것이 중요하다.[59]

사원관계를 구체적으로 이해하기 위해서는 먼저 조직과 조직 커뮤니케이션을 이해하고, 조직 문화를 함께 이해해야 한다.

먼저 조직은 특수한 목적을 가지고 모인 사람들의 집합을 의미한다. 기업이라는 조직은 영리를 목적으로 모인 사람들의 집합이라고 할 수 있다. 조직은 구성원이 공통된 목표를 가지고 모였기 때문에 그 목표가 중심이 되면서 조직이 운영이 된다. 공동의 목표로 운영되기 때문에 그 목표 달성에

59) 김요한, 이명천, 손병원(2018). 같은 책, p.118.

기여를 하는 사람과 그렇지 못한 사람의 보상과 처벌 체계가 엄격한 것이 조직의 특징이다. 또한 상하위계질서가 엄격한 것도 조직이 가지고 있는 또 다른 특징이라고 할 수 있다.

이렇게 특수한 목적을 가지고 모인 조직은 다른 조직과는 구분되는 그 조직만의 문화가 존재하게 된다. 조직 문화는 특정 조직 내에 있는 구성원들이 다른 조직과 비교해서 그들 조직 구성원들만이 특이하게 가지고 있는 문화를 의미한다. 이러한 문화는 조직의 구성원들이 공통적으로 가지고 있는 문화, 관습, 관례, 가치관, 신념 등을 통칭하는 용어이다. 이학종은 조직중심의 문화를 설명하고 있는데, 그는 '조직문화란 한 조직의 구성원들이 모두 공유하고 있는 가치관과 신념, 이념과 관습, 규범과 전통, 그리고 지식과 기술 등을 모두 포함하는 개념이다'라고 설명한다.[60]

조직문화에 대해 설명하는 이론들은 매우 많다. 윤희중과 신호창은 자신들의 저서에서 다양한 기업문화에 대한 정의들을 찾아내고 이들 정의에서 나오는 중요한 단어들을 중심으로 다시 개념 정리를 했다. 이들에 따르면, 조직문화는 조직구성원의 행동과 전체 조직에 영향을 미치는 조직이 공유하는 가치관, 신념, 규범 및 관습에 대한 거시적 성질의 것

---

60) 이학종(1992). 기업문화론. 서울: 박영사, p.537.

이라 하고 있다.61)

이러한 조직문화가 어떻게 형성되어 있는지, 또는 기관의 고유한 문화가 어떻게 형성되어있는지에 따라 커뮤니케이션의 유형과 접근방법에 차이가 있다. 조직의 문화에 따라 내부 구성원들을 위한 커뮤니케이션에도 차이가 나타난다. 이들을 어떤 시각으로 바라볼지, 이들에게 가장 효과적인 커뮤니케이션 방법은 무엇인지 등에 대한 논의는 이러한 조직문화가 어떻게 형성되어있는가에 따라 달라진다. 사원관계는 이러한 조직문화에 따라 그 범위와 투입 인력, 그리고 예산 등이 달라지게 된다.

좀 더 구체적으로 설명하면, 조직문화는 구성원의 직업 만족도나 근속률, 헌신도, 능률 등에 큰 영향을 미치고 있다. 조직 내부에서 이루어지는 커뮤니케이션은 해당 조직의 문화적 특성을 반영하고 있고, 역으로 커뮤니케이션을 통해 조직 문화에 변화를 일으킬 수 있다.62)

사원관계란 우리 조직의 내부 구성원들이 우리 PR활동의 중요한 공중이 된 상황을 의미한다. 사원관계는 여러 PR 활동 주에서 조직이 자신들의 조직 내 구성원 또는 협력사 등

61) 윤희중, 신호창(2001). 같은 책, pp.66-68.
62) 한정호 외.(2008). 같은 책, p.366.

과의 원만한 소통을 위해 별도의 시간과 예산을 할애하는 활동을 말한다.

과거 20-30년 전까지만 해도 지금의 사원을 바라보는 시각이 지금과는 많이 달랐다. 과거 기업이나 기관들은 이러한 사원들에 대해 임금을 주고 그에 상응하는 노동을 사는 것이라 생각했다. 따라서 자신들의 사원들이 얼마나 열심히 생산을 해내느냐가 중요하지 이들이 회사에 대해 어떠한 생각을 가지고 있고, 무엇을 걱정하고 있으며, 회사에 대해 기대하는 바가 무엇인지에 대해서는 관심을 가지지 않았다.

이후 노동조합의 결성과 활동이 합법적이라는 법적 해석이 나오게 되면서 우리나라도 사원관계에 대한 관심이 급속히 늘어나게 되었다. 이러한 결정 이후에는 조직과 사원 사이에 갈등이 발생을 하게 되는 경우에, 이전에 조직은 사원들의 요구를 받아들이지 않았고 생산량에 차질을 일으키기 때문에 업무 방해죄로 고소하는 일이 비일비재했다. 그러나 노동조합의 합법화로 인해, 사원들은 자신들의 조직에 대항해 목소리를 낼 수 있고, 조직은 이들의 이야기를 듣고, 극단적인 결정으로 가지 않도록 설득과 협상을 끊임없이 하게 된다.

이러한 과정에서 사원관계를 바라보는 회사 경영자들의

시각도 바뀌게 되었다. 단순히 임금을 주고 우리의 일을 해주는 사람이 아니라, 함께 성장하고 함께 기쁜 일을 나누는 가족과도 같은 사람들이 회사의 구성원이라는 것이다. 이러한 조직의 구성원들이 자신은 조직으로부터 귀하게 대접을 받으며 인격적으로 대접을 받고 있다고 느끼는 순간 이 사람이 업무에서 발휘하는 능력을 상상을 초월하게 된다. 반대로, 조직의 구성원이 조직으로부터 인격적인 대우를 받지 못한다거나 불만이 많은 경우에는 업무 능력이 떨어지는 문제가 발생하고 최종 소비자를 만나 브랜드를 설명하고 권하는 업무를 맡고 있는 사람들도 소비자들에게 친절하게 대하지 못하는 일이 생기게 된다.

따라서 현재의 사원관계는 사원들이 조직에 대해 만족감을 느끼고, 자신이 그 조직의 구성원으로 있는 것이 자랑스럽다는 느낌을 가질 수 있도록 다양한 소통 프로그램이 개발되고 있다. 또한 현재의 사원관계는 사원들이 조직에 대해 가지고 있는 다양한 욕구를 파악하고, 그 욕구를 최대한 충족시켜줄 수 있는 방법들을 강구하고 있다.

조직의 구성원이 사원들이 조직에 대해 가지고 있는 욕구는 다양하다. 먼저 구성원들은 조직에 대해 안전에 대한 욕구를 가지고 있다. 이러한 욕구는 조직이 오랫동안 좋은 실적으로 좋은 평판을 받으며 안정적으로 운영이 되기를 바라는 욕구와 함께 자신도 그 조직 내에서 안전하게 생활할 수 있기를 바란다. 본인이 떠나지 않는 한 타의에 의해 그 조직을 떠나고 싶지는 않다는 욕구이다. 두 번째 욕구는 존경과 배려의 욕구이다. 조직 구성원들은 인간적인 대우를 당연히 받아야 한다고 생각하고 자신의 상황에 대해 조직은 고려를 해줄 수 있으면 좋겠다고 생각하고 있다. 또한 참여의 욕구도 가지고 있다. 구성원으로서의 해야 할 일이 자신에게 분명하게 주어지는 것을 원한다는 것이다. 회사에 소속이 되어 있으나 맡게 될 업무가 없다거나 한다면 그 사람은 매우 고통스러울 것이고, 이러한 참여의 욕구가 많이 훼손되었고, 존경의 욕구도 훼손되었다고 생각할 수 있다. 또한 인정의 욕구를 가지고 있다. 이는 자신이 업무에 있어서 두각을 나타낼 때 조직은 이를 인정해주고 그에 대한 보상 등을 철저히 해주기를 바라는 것이다.

조직의 구성원들은 이러한 욕구가 충족되지 못하고 있다고 판단되면 조직에 대한 불만이 생기게 되고, 이는 조직과 구성원 사이의 갈등이 발생하게 되는 상황이라 할 수 있다. 실제로 모든 조직이 모든 구성원들이 이러한 욕구들에 대해 완벽하게 만족하기를 바라지만 실제로는 부족한 부분이 있을 수 있다. 내부 커뮤니케이션은 이러한 욕구를 충족시키기 위해 끊임없이 노력하는 활동이고, 조직의 입장을 충분히 설명하며, 구성원들의 의견을 청취하는 역할을 수행한다. 이러한 노력을 통해 서로의 요구사항을 조율할 수 있고, 서로 화합할 수 있는 기반을 다지고 조직을 운영해 나갈 수 있다.

조직은 혼자의 힘을 운영되는 것이 아니다. 모든 사원들의 노력과 열정, 그리고 희생으로 새로운 제품이 나오고 서비스가 나오며, 훌륭한 정책들이 나오기도 한다. 이러한 사원들에 대해 조직은 무엇을 할 수 있고, 무엇을 말해야 하며, 그들의 조직에 대한 만족도를 어떻게 높일 수 있는가를 면밀히 살펴야 한다. 이러한 활동이 바로 사원관계 활동의 핵심이라 할 수 있다.

사원관계 활동은 크게 4가지 차원의 목적을 가지고 있다. 첫째, 사원관계는 구성원들로 하여금 조직 내에서 자신이 맡은 역할을 제대로 수행하도록 돕기 위한 것이다. 조직은 늘 같은 내용의 역할을 기대하지 않는다. 조직은 언제나 성장해야 하고, 이러한 성장을 위해서는 조직구성원들의 업무에 대한 지식과 기술이 함께 성장해야 한다. 직원들이 다양한 정보들을 인지하고 이를 업무에 지속적으로 반영할 수 있는 환경을 만드는 것이 중요한데, 이러한 환경 중의 하나가 사원관계 활동이라 할 수 있다.

둘째, 사원관계는 다양한 조직 활동에 대한 내규와 원칙 등의 경영 정책들에 대한 명확한 정보를 제공한다. 셋째, 구성원 복지와 업무상의 안전에 대한 정보를 제공하기 위한 것이다. 넷째, 사원관계는 구성원들의 업적을 치하하고 독려해주기 위한 것이다.[63] 조직의 구성원이 조직에게 바라는 사항들 중의 하나는 조직이 자신이 수행한 일에 대한 인정을 하고, 자신에 대한 존중이 지속되는 것이다. 이러한 차원에서 사원관계 커뮤니케이션은 사원들의 사기를 진작시키고, 업무의 능력을 향상시키는데 도움이 되는 PR방법이라 할 수 있다.

63) 한정호 외.(2014). PR학원론, 서울: 커뮤니케이션북스. p.360.

## 2. 상향의 커뮤니케이션

사원관계는 사원들과 원만한 소통을 갖기 위한 노력들을 의미한다. 사원관계 활동을 하기 위해서는 먼저 하향의 커뮤니케이션과 상향의 커뮤니케이션을 이해해야 한다. 기업을 포함한 조직은 직급에 따른 상하 위계질서가 엄격한 특성을 가지고 있다.

이러한 맥락에서 하향의 커뮤니케이션은 상대적으로 위의 직급에 있는 사람이 아래의 직급에 있는 사람에게 커뮤니케이션을 하는 것을 의미한다. 하향의 커뮤니케이션 유형으로는 업무에 대한 지시를 내리거나 구체적으로 그 방향에 대해 설명하는 경우, 그리고 잘한 업무에 대한 칭찬이나 잘못한 업무에 대한 지적 등이 포함된다.

반대로 상향의 커뮤니케이션은 상대적으로 아래의 직급에 있는 사람이 자신보다 위의 직급에 있는 사람에게 하는 커뮤니케이션 형태를 의미한다. 일반적으로, 업무에 대한 보고나 문의, 그리고 업무상의 건의 등이 여기에 해당된다고 볼 수 있다. 문제는 하향의 커뮤니케이션보다 상향의 커뮤니케이션이 좀 더 어려울 수 있다는 점이다. 아래 직급의 사람이 자신보다 위의 직급에 있는 사람에게 조직의 개선점이나 자신의 회사에 대한 불만을 이야기하기에는 어려움이 있을 수 있다. 따라서 사원관계는 하향의 커뮤니케이션보다는 상향의 커뮤니케이션 유형을 어떻게 다양화할 수 있는가에 관심을 가진다. 사원들이 가지고 있는 의견을 편안한 분위기에서 솔직담백하게 이야기할 수 있는 환경을 마련하는 것은 사원관계 커뮤니케이션을 기획하고 집행하는 과정에서 매우 중요한 사항이다.

조직의 구성원들이 인사상의 불이익이나 상사와의 불편한 관계를 염려하거나, 조직의 문화 자체가 사원들의 이야기를 들으려고 하는 분위기가 아니라면 이는 커다란 갈등상황으로 이어질 수 있다. 직원들의 생각이나 의견이 자유롭게 이야기될 수 없는 분위기라면 조직에 대한 불만이 쌓일 수 있고 이러한 불만이 어떠한 방식으로 표출될지는 예측하기 어렵기 때문이다.

상향의 커뮤니케이션 방법에 대해 윤희중과 신호창은 'PR전략론'에서 8가지의 방법을 제시하고 있다.64)

먼저, 회의(meeting)방법이 있다. 상향의 커뮤니케이션 중

64) 본 책에서는 윤희중과 신호창이 집필한 'PR전략론'을 바탕으로 8가지 상향식 커뮤니케이션의 용어와 그 방법에 대해 설명을 하겠다.

회의는 회의를 진행하는 과정에서 사원들이 자신의 의견을 개진함으로써 하의상달이 될 수 있는 방법이다.[65] 이 방법은 공개된 자리에서 자신의 의견을 이야기할 수 있는 공식적인 커뮤니케이션이 된다. 문제는 직급이 낮은 구성원이 공개된 공간에서 자유롭게 자신의 의견이나 불만, 또는 조직의 개선점을 이야기하는 것은 쉽지 않다는 단점이 있다. 진정한 사원관계에서의 커뮤니케이션은 언제든지 자유롭게 자신의 의견을 충분히 표출할 수 있어야 하는데, 이러한 회의는 자신이 온전히 드러나는 상황에서 민감한 부분 등에 대한 언급이 쉽지 않다는 한계를 가지고 있는 것이다.

두 번째 방법은 제안제도(suggestion system)를 운영하는 것이다. 이는 가장 오래된 기법으로 어느 회사나 이러한 기법이 유용한 것은 아니다. 지속적인 관심을 갖고 꾸준히 실천하는 것이 중요하다.[66]

세 번째 방법으로 스피크업 프로그램(speak-up program)이 있다. 이 프로그램에서 조직의 구성원들의 자신이 가지고 있는 아이디어나 관심사 또는 조직생활을 하는 데 있어서의 문제점 등을 코디네이터에게 전달하고 코디네이터는 익명으

65) 윤희중, 신호창(2001). 같은 책, p.81.
66) 윤희중, 신호창(2001). 같은 책, p.81.

로 건의사항을 상위 책임자에게 보고를 한다. 이에 대한 응답도 코디네이터를 통해 전달된다.[67] 스피크업 프로그램은 조직의 경영자들에게 있어서 조직구성원들과의 소통을 중요하게 생각하는 마인드가 있어야 가능한 프로그램이다. 조직의 구성원들을 위해 상담을 할 수 있는 별도의 공간을 만들고 전담 코디네이터를 배치하는 것은 구성원들과의 소통의 의지가 없으면 불가능한 방법이기 때문이다. 나름의 예산을 치밀하게 설정하고, 이를 위한 담당자의 권한을 정하고, 소통의 과정이나 상담 내용의 보고 방법 등에 대한 구체적인 결정이 있어야 좀 더 원활하게 운영이 가능한 프로그램이다.

이 프로그램이 가지고 있는 장점은 자신이 조직에게 이야기하고 싶은 사항이 있을 때에는 언제든지 코디네이터와 이야기를 나눌 수 있다는 점이고, 이러한 내용이 상위 책임자에게 전달될 수 있다는 장점이 있다. 또한 익명성이 보장되기 때문에 자신이 공개되는 상황보다는 좀 더 적극적으로 자신의 의견을 말할 수 있는 여건이 마련된다는 점도 장점이라 할 수 있다.

네 번째로는 미디어 서베이(readership of media survey)가 있다.[68] 미디어 서베이는 조직이 내부 구성원들을 위한

---

67) 윤희중, 신호창(2001). 같은 책, p.81.

메시지를 특정 미디어(예를 들어, 사보, 전자게시판, 뉴스레터 등)를 통해 전달한 이후에 이러한 메시지를 얼마나 많이 봤고, 이에 대해 얼마나 이해하고 있으며, 이에 대해 얼마나 동의하고 있는지, 얼마나 만족하고 있는지 등에 대해 설문조사를 실시하는 것이다. 전체 구성원 중 몇%의 사람들이 평균 몇점의 인식과 태도를 보이는가를 보편적으로 살펴볼 수 있는 방법이다.

이 방법은 정형화된 설문지를 가지고 질문을 하고 이에 대한 응답을 수량화시켜(빈도, 평균 등) 데이터를 습득하는 방법이다. 서베이를 통해 일반적으로 내가 보고자 하는 대상이 어떠한 인식이나 태도의 상태를 가지고 있는가를 살펴볼 수 있는 장점이 있다. 즉, 보편적으로 특정 이슈에 대해 직원들이 어떤 상태를 보여주고 있는가를 파악하는데 나름의 객관성이 확보된 방법이라 할 수 있다.

그러나 이러한 방법을 통해서는 구성원들이 가지는 깊은 생각을 파악하거나 인식이나 태도의 근본적인 원인을 파악하는 것은 한계가 있다. 보편적인 데이터 습득은 가능하지만 특정한 태도나 행동에 대한 원인을 파악하는데 있어서는 질적조사와 같은 방법이 고려될 수 있다.

---

68) 윤희중, 신호창(2001). 같은 책, p.81.

다섯 번째 방법은 포커스그룹 인터뷰(focus group interview)이다. 10명 내외로 구성된 조직의 구성원들로 하여금 사전에 준비된 주제에 대해 의견을 서로 교환하도록 하고 이를 관찰하는 기법으로, 전형적인 질적 연구방법 중의 하나이다.[69]

질적 연구방법이란 사람들이 가지고 있는 표면적인 반응보다는 이들이 가지고 있는 깊은 생각이나 행동의 원인을 찾아나가기 위한 방법이다. 양적 연구방법의 서베이는 몇 개의 문항으로 질문을 하고 사람들은 이에 대해 응답을 하는 시간은 직전 연구방법에 비해서는 짧다. 포커스그룹 인터뷰는 적게는 4명에서 많게는 10명 정도의 사람들이 한 장소에 모여 특정 이슈에 대해 1시간에서 2시간가량 깊이 있는 대화를 나누고 그 속에서 우리가 참고해야 할 중요한 표현이나 우리가 모르고 있던 의외의 사실에 대한 표현 등을 기록하고 보고하는 형태이다. 서베이와 같은 양적 연구방법이 how much나 how many에 관심을 가지고 있다면 포커스그룹 인터뷰와 같은 질적 연구방법은 why에 관심을 가지고 접근을 하게 된다.

양적 연구방법은 앞에서 이야기한 것처럼 빈도나 평균과

69) 윤희중, 신호창(2001). 같은 책, p.81.

같은 데이터의 수량화가 가능하지만 포커스그룹 인터뷰와 같은 질적 연구방법은 수량화가 어렵다. 예를 들어, 10,000명의 직원을 보유하고 있는 회사에서 10명의 직원을 대상으로 포커스그룹 인터뷰를 하고 있다면 10명의 직원들의 깊은 의견을 확인할 수는 있지만 10명의 직원들이 10,000명의 직원들이 가지는 보편적인 의견을 상징한다고는 확신할 수 없기 때문이다.

FGI와 같은 방법으로 여러 명의 사원들을 대상의 모아서 인터뷰하는 것이 불편하다면 개별심층면접을 실시할 수 있다. 1명씩 특정 분야의 전문이라 할 수 있는 직원을 대상으로 의견을 묻고, 그 대답에서 핵심 키워드를 찾아나가는 방법도 고려할 수 있는 방법이다.

여섯 번째 상향의 커뮤니케이션 방법으로 그레이프바인(grapevine)이다. 이는 확인되지 않은 소문, 경영에 참고가 될 수 있는 정보 등이 유통되는, 조직 내에서 존재하는 비공식적인 커뮤니케이션 채널을 의미한다.[70] PR담당자의 네트워크 확보 능력이 매우 중요한 역할을 수행하는 부분이라 할 수 있다. 다양한 사람들과의 일상적인 만남에서 이루어지는 대화 속에서 회사의 경영진이 놓치고 있을지 모르는 회사의

70) 윤희중, 신호창(2001). 같은 책, p.81.

중요한 이슈나 사건을 찾아 이에 관한 내용을 정리하고 보고하는 형태를 말한다.

일곱 번째 방법은 MBWA(management by walking around)이다. 이는 조직의 구성원들과 자연스럽게 대화에 참여하고 정보를 교환할 수 있도록 조직의 리더가 가만히 앉아서 결재나 받는 것이 아니라 현장의 소리를 직접 청취하기 위해 이곳저곳 돌아다니면서 실시하는 현장 경영 체계를 의미한다.[71]

MBWA는 대내외적으로 보여주기식의 시찰을 의미하는 것은 아니다. MBWA는 조직의 리더 또는 책임자가 조직의 구성원과 격의없이 편안하게 대화하고 이들의 조직생활의 불편함이나 조직에 기여할 수 있는 다양한 아이디어를 청취하기 위한 방법이다.

따라서 MBWA를 하려면 조직의 리더 또는 책임자가 구성원들과의 소통이 얼마나 중요한지를 인식하고 있어야 하고, 이들의 경영 철학에 이러한 내용이 포함되어야 있어야 효과를 볼 수 있는 방법이다. MBWA는 한 번의 일시적인 활동으로는 효과를 볼 수 없다. 지속적으로 대화를 할 수 있는 기회나 방법 등을 고려해야 효과를 기대할 수 있는 방법이다.

71) 윤희중, 신호창(2001). 같은 책, p.82.

따라서 직원의 회사 생활에서 대표의 등장은 새롭고 긴장되는 일이 아니라 늘상 생활에서 일어나는 편안한 일이다. 직원의 입장에서는 회사대표가 부담스럽지 않고, 같은 일을 하고, 같은 고민을 하고 있는 식구의 입장으로 대표를 바라보는 것이 MBWA의 성공 요인이라 할 수 있다.

여덟 번째는 스킵 레벨 미팅(skip-level meeting)이다. 이는 일종의 오픈 도어의 정식적인 수행채널로서 조직의 구성원들이 조직의 부서 관리자를 만나는 회의를 말한다. '최고경영자와의 만남'과 같은 경영진과의 직접적인 커뮤니케이션 채널을 의미한다.72)

72) 윤희중, 신호창(2001). 같은 책, p.82.

## 3. 사원관계 커뮤니케이션 매체

일반적으로 사원관계 커뮤니케이션에서 활용되는 매체로는 사보, 리플렛, 포스터, 뉴스레터와 같은 출판물과 사내방송과 같은 방송매체, 홈페이지, 인트라넷, 이메일, 소셜미디어 등과 같은 전자매체 등을 들 수 있다.

특히 구성원들을 설득하고 동의를 이끌어내는데에는 면대면 커뮤니케이션이 조직의 구성원들이 가장 선호하는 방법이다.73)

그러나 면대면 커뮤니케이션이 조직의 구성원들이 선호하는 방법이기는 하지만 조직이 공식적인 채널로써 이를 활용하기에는 시간이나 비용에 있어서 부담이 될 수 있는 방법이다. 사원 한 명 한 명의 생각과 입장에 따라 그에 맞춰 커뮤니케이션이 가능한 장점을 가지고 있는 방법이기는 하지만 사원의 규모가 크거나 지역적으로 떨어져 있는 경우에는 이 방법을 현실적으로 활용하는 데 있어 한계가 있다. 그렇다고 면대면 커뮤니케이션 방법을 사원관계 커뮤니케이션을 위한 기획 과정에서 완전히 배제한 상태로 다른 대안을 찾

73) 한정호 외.(2008). 같은 책, pp.364-365.

는 것을 바람직하지 않다. 특정한 매체를 활용해 다수의 직원에게 메시지를 내보내는 방법이 시간이나 비용적인 측면에서 효율적일 수 는 있다.

그러나 사원들의 회사에 대한 요구사항이나 아이디어 등에 대한 구체적인 소통방식이 다양한 맥락에서 고민되고 실천되지 않으면 사원들의 회사에 대한 불만으로 이어질 수 있고, 이는 결정적으로 회사의 손실로 이어질 수도 있음을 감안해야 한다. 따라서 일대일 방식의 커뮤니케이션이 아니라도 사원들의 의견을 청취하고, 회사의 상황을 구체적으로 설명할 수 있는 부서별 모임 또는 설명회나 멘토링 제도나 코칭 제도 등의 방식으로 변형된 면대면 커뮤니케이션 방식이 고려되어야 한다.

사원관계를 위한 효과적인 매체 유형 중 먼저 사보에 대해 살펴보기로 하자. 사보는 조직의 구성원이나 관계자들을 위해 조직이 만든 자가출판물의 일종으로, 조직에 관한 다양한 정보와 읽을거리들을 제공하는 자료를 말한다. 사보는 조직의 내부 공중을 위한 사내보, 외부 공중을 위한 사외보, 그리고 내부와 외부 공중 모두를 고려한 사내외보로 나뉘게 된다.

사보에 들어가는 콘텐츠는 조직의 성격이나 사보를 통해

달성하고자 하는 목표가 무엇인가에 따라 달라진다. 보편적으로 사보에 자주 등장하는 내용으로는 조직의 구성원에 대한 인터뷰, 조직의 대표에 대한 인터뷰, 신제품에 대한 정보, 일상생활에서 유용하게 쓰일 정보들(건강, 여행, 공연정보 등), 조직의 구성원들이 좋아하고 있는 외부 인사의 기고, 설문조사 결과, 퀴즈, 이벤트 등이 있다.

이러한 사보는 월간지, 격월간지, 계간지 등의 형태로 다양하게 발행되고 있는데, 온라인 미디어 활용이 보편화된 현재의 상황에서 사보도 온라인을 통해 제공되고 있다. 웹진의 형태로 제공되는 사보는 인쇄된 형태로 제공되는 것보다 훨씬 다양한 사람들에게 정보를 제공할 수 있다는 장점이 있다. 인터넷을 통해 접근하는 사보의 콘텐츠는 시간과 공간의 제약이 없기 때문에 관심을 가지고 있는 조직에 대해 관심을 가지고 있는 누구든 필요한 정보를 얻을 수 있다는 점이 장점이다.

또한 웹진으로 전환되어 인쇄를 하거나 다양한 곳으로 배포하는 과정에서 드는 비용을 절감할 수 있다는 장점을 가지고 있다. 동영상이나 음악, 웹툰 등의 다양한 콘텐츠 형태로 제공되기 때문에 사용자들에게 풍부한 경험을 제공할 수 있다는 점도 웹진의 형태로 제공되는 사보의 장점이라 할 수 있다.

웹진의 형태로 사보를 운영하는 경우에 유의해야 할 사항은 데이터의 업데이트에 유의해야 한다는 것이다. 콘텐츠의 내용을 수정하거나 추가하는 것이 용이한 점이 웹진의 강점임을 고려해서 특정 이슈에 대한 내용이 추가되는 사항이 있다면 이에 대한 업데이트를 적극적으로 해야 한다.

또한 웹진을 통해 사람들의 행동을 파악하고 선호하는 콘텐츠에 대한 데이터를 모을 수 있기 때문에 지속적으로 사람들의 관심을 파악하고, 이를 바탕으로 콘텐츠를 지속적으로 개선하고 개발하는 것이 매우 중요하다.

사원관계를 위한 매체 유형 중 다음 형태는 뉴스레터이다. 뉴스레터는 간단하고 비용이 적게 들면서 빠르게 정보를 전달할 수 있는 수단이라 할 수 있다. 그러나 깊이있는 해설들을 담기에는 어려운 단점이 있다. 이러한 뉴스레터를 조직 구성원들과 관계사 등에 실제 우편으로 발송하거나 이메일을 통해 전송하게 되는데, 이러한 뉴스레터를 이메일을 통해 전송하게 되는 경우 높은 비율이 이 내용을 읽지 않는 경우가 많음을 감안해야 한다. 따라서 뉴스레터에 관심을 가질만한 콘텐츠 구성이 무엇보다 중요하다.

내부 사원들을 위한 뉴스레터에서는 회사의 새로운 소식

을 중심으로 인사, 행사, 신제품, 설문 결과 등에 대한 정보를 빠르게 제공할 수 있어야 한다. 외부의 공중들을 위한 뉴스레터에서는 회사의 현황과 활동을 중심으로 그 내용을 구성할 수 있다.

또한 일회성 출판물로는 리플렛, 브로슈어, 팜플렛 등도 있다. 이러한 출판물은 조직의 행사나 이벤트를 개최하는 경우 이 행사에 참석하는 사람들을 위해 제공되거나 조직의 PR 활동에서 소비자와의 접점이 될 수 있는 장소에 비치해서 쉽게 관련 자료를 볼 수 있도록 하는 것이 중요하다. 특히 리플렛이나 브로슈어는 많은 내용을 담기에는 무리가 있기 때문에 핵심적인 내용을 중심으로 제작이 되어야 한다. 이러한 매체들은 사람들의 주의를 환기시키고 좀 더 구체적인 내용을 파악하기 위해 홈페이지나 소셜미디어 등으로 유입될 수 있도록 하는 역할을 수행할 수 있도록 기획되고 제작된다.

다음으로 사원관계를 위한 전자매체 중 전자게시판을 살펴보면, 요즘 거의 대부분의 조직들이 컴퓨터로 작업을 하고 있는 상황을 감안한다면 전자게시판의 역할을 매우 중요하다. 전자게시판은 기존의 매체보다 훨씬 다양하고 구체적인 정보를 얻을 수 있게 해주는 장점을 가지고 있다. 전자게시판은 새로운 내용을 지속적으로 업데이트하고, 필요한 내용을 빠르게 전달받을 수 있도록 하는 것이 운영의 핵심이다.

전자우편은 전자게시판과 홈페이지 등과 함께 사용되는 것으로 개인 대 개인, 개인 대 다수의 구성원들에게 메시지를 쉽고 빠르게 전달 수 있어 널리 이용되고 있다.[74]

또 다른 사원관계를 위한 전자매체로 인트라넷을 들 수 있다. 홈페이지는 누구든 조직에 대해 관심이 있는 사람은 누구든 특별한 접속제한 없이 홈페이지를 방문해 필요한 정보를 살펴볼 수 있다. 이러한 홈페이지 내에서 조직의 구성원들을 위한 인트라넷을 개발해 운영해나갈 수 있다. 인트라넷은 조직의 구성원들만이 공유할 수 있는 중요한 자료 및 정보들, 문서서식들이 포함되어 있고, 내부 구성원들에게 알리고자 하는 게시판, 내부 구성원들에게 급하게 알리는 메모장, 그리고 조직 행사 관련 캘린더, 내부 구성원들만 이용할 수 있는 익명 게시판 등의 메뉴가 구성되어 있다. 또한 구성원들이 업무 관련 교육을 받을 수 있도록 동영상 프로그램 등도 메뉴로 구성되어 있다. 이 인트라넷에 접속하기 위해서는 구성원 개개인별 ID와 비밀번호가 만들어져 승인되어야 한다.

사보 커뮤니케이션 매체 형태를 정하거나 운영할 때 유의

---

74) 윤희중, 신호창(2001). 같은 책, pp.80-81.

해야 하는 부분은 사보를 읽는 조직 구성원들이 충분히 조직에 대해 이해할 수 있어야 하고, 자신이 그 조직의 구성원인 것에 대한 자부심을 느낄 수 있어야 한다. 또한 사보의 내용에 있어서는 거짓이 있어서는 안 되고, 민감한 사항에 대해 조직의 입장만을 강조하는 과정에서 과장이나 은폐의 메시지를 담아내서는 안 된다.

과거에 비해 사원관계에 대한 비용투자나 시간의 투자에 관심을 많이 가지고 있다. 이는 조직의 구성원을 바라보는 조직의 시각이 이전과는 많이 달라졌다는 것을 의미한다. 한 배를 탄 식구처럼 좋은 일도 같이하고 안 좋은 일도 함께 나누는 식구로 이들을 인식할 때 그 조직은 상호작용이 활발하고 협업이 잘 이루어지는 좋은 기업으로 인식될 수 있을 것이다. 이러한 인식을 바탕으로 한 사원관계 PR활동을 통해 사원들의 회사에 대한 만족도를 높일 수 있고, 본인이 이 회사의 한 일원으로써의 자부심도 함께 높일 수 있을 것이다.

회사에 대해 고려받고 있고, 존중받고 있다는 감정이 깔린 자부심과 만족도는 사원들의 업무 만족도를 높이고, 소비자에 대한 사원들의 서비스 또한 긍정적으로 바뀌게 되는 효과로 이어질 수 있다.

따라서 기업의 문화나 구성원들의 특성을 고려해 지속적

이면서 신뢰감을 가질 수 있는 커뮤니케이션 방법을 고민하는 것은 기업의 성장과 발전에 매우 중요한 항목이 될 수 있다. 단순히 사원관계PR이 사원을 위한 활동이 아니라 궁극적으로는 회사의 이미지 평판관리와 장기적인 관점에서의 안전성을 확보하는 데 중요한 역할을 수행한다.

## 저자 소개

**이현선**
청주대학교 광고홍보학과 교육전담조교수이다. 광고와 PR의 이해, PR콘텐츠 기획, 콘텐츠 글쓰기 등의 과목을 강의하고 있다. 중앙대학교 불어학과를 졸업하고 동 대학원 신문학과에서 정치학석사, 동대학원 광고홍보학과에서 광고홍보학 박사학위를 받았다. 석사학위 논문 주제는 "유명인 광고모델의 신뢰성과 매력성에 따른 광고효과: 관여도 및 정보처리동기를 중심으로"(1997)에 관한 내용이었다. 박사학위 논문은 "구조적 정렬성, 측정시기 및 측정방법에 따른 비교광고의 효과"(2005)에 관한 내용이다.

쉽게 이해하는 **PR 핵심 솔루션**

**발행** 2023년 10월 10일
**지은이** 이현선
**발행인** 김광범
**발행처** 도서출판 시대가치
**주소** 서울시 마포구 토정로 222 한국출판콘텐츠센터 422-1호
**출판등록** 2017년 3월 23일 제2018-000088호
**전화** 02) 3152-2620
**홈페이지** 시대가치.com
**ISBN** 979-11-89607-82-1 (93320)

파본은 구입처에서 교환해 드립니다.
저작권법에 의해 보호를 받는 저작물이므로 이 책의 무단 전재와 복제를 금합니다.

**가격** 15,000원